中华文明

民族卷

王春花　著

泰山出版社 · 济南 ·

图书在版编目（CIP）数据

小天下·中华文明. 民族卷 / 葛剑雄主编；王春花著.—济南：泰山出版社，2021.8

ISBN 978-7-5519-0305-9

Ⅰ.①小… Ⅱ.①葛… ②王… Ⅲ.①中华文化—青少年读物 ②中华民族—民族历史—青少年读物 Ⅳ.①K203-49 ②K28-49

中国版本图书馆CIP数据核字（2021）第085160号

小天下·中华文明　民族卷

XIAO TIANXIA · ZHONGHUA WENMING　MINZU JUAN

策　　划　胡　威
主　　编　葛剑雄
副 主 编　谭好哲
著　　者　王春花
责任编辑　武良成
装帧设计　路渊源

出版发行　泰山出版社
社　　址　济南市泺源大街2号　邮编　250014
电　　话　综　合　部（0531）82023579　82022566
市场营销部（0531）82025510　82020455
网　　址　www.tscbs.com
电子信箱　tscbs@sohu.com
印　　刷　山东通达印刷有限公司
成品尺寸　148毫米×210毫米　32开
印　　张　6.75
字　　数　118千字
版　　次　2021年8月第1版
印　　次　2021年8月第1次印刷
标准书号　ISBN 978-7-5519-0305-9
审 图 号　GS（2021）5057号
定　　价　36.00 元

总　序

这套丛书命名为《小天下》，自然是出于孟子的话："孔子登东山而小鲁，登泰山而小天下。"孟子的意思很明白，登高才能望远，才能望遍。就是孔子这样的圣人，也必须借助高度，才能超出正常视力的极限。如果只登上高度有限的东山，至多只能看到鲁国的全貌；只有登上当时人心目中的最高峰——泰山，才能阅尽天下。

时至今日，我们早已明白，孔子、孟子心目中的最高峰泰山离地球上的最高峰差距甚大，就是能登上珠穆朗玛峰，能看到的也只是地球这个"天下"的极小部分。只有登上宇宙飞船，并且还得借助特殊的工具，从外太空才能看到地球的全貌。但此话的哲理完全正确，古今不易。所以我们编这套丛书的目的就很明确——为我们的读者提供登上东山、泰山，以至珠穆朗玛峰的阶梯，使他们能不断扩大视野，一步一步“小天下”。

我们主要的读者对象，是高中生、大学生或相应文化程度的青少年，也就是说，这套书是适合他们的阶梯。

“书山有路勤为径，学海无涯苦作舟。”韩愈这两句话流传了一千多年，一直是激励青少年刻苦求学的名言。但到了今天，光靠勤和苦已经攀不上书山，渡不过学海了。因为这座书山过于高大，并且每时每刻在增高扩大；这片学海过于浩瀚，并且分分秒秒在拓宽加深。如果一味只讲勤和苦，以一个人有限的时间、精力和生命，也许只是在山麓徘徊，在海滨徜徉。唯有找到了阶梯，又具备攀登的实力；发现了渡船，又有了正确的导航；方能如愿以偿，接近顶峰，靠近彼岸。

人类积聚到今天的全部知识和学科，基本可以分为两类——人文和科学。我们提供的阶梯也就包含这两个部分，有的书侧重于人文，有的书基本内容是科学，有的书两者兼顾。但无论哪一种，都不是哪一门学科知识的简单延伸或扩展，都不是某门课的教学辅导书或什么解题宝典，而是人文与科学的结合。我们的读者，无论他们今后从事何种工作，选择什么专业，发挥哪方面的作用，在社会上处在什么地位，都需要奠定这两方面的基础。就人文而言，重要的是通过哲学、历史、文学、艺术、美学等学科的学习，确立基本的价值观念、审美情趣、生活方式、理想信念，而不仅仅是具体的知识。就科学而言，重要的是通过对自然科学、社会科学主要领域的学习，掌握基本的逻辑推理、归纳综合、分析思维的能力，而不仅仅是具体的概念。

正因为如此，我们的选题并不对应于高中、大学的课程，也不求覆盖全部学科，而是选择了一些关键性、综合性，特别是我们的读者最需要的一些专题，陆续出版。首批的各卷分别是国家、民族、军事、商业、思想、文学、艺术、民俗，后续各卷将分批出版。“小天下”的阶梯将不断升高，不断增宽。

我们的作者都是优秀的学者、教师，尽管他们自己未必已达到一流水平，但要求他们必须应用本专业、本领域的一流成果、权威结论。还要求他们用读者喜爱的表达方式、能明白的语言，像老师与同学们谈心聊天那样来写这套书。我们更希望在这套书问世以后，作者能走进校园，走向社会，与读者们交流，了解他们的需求，听取他们的意见，不断修订完善，使“小天下”的阶梯愈益精良坚实，也使阶梯的使用者持续增多。

葛剑雄

目录

前 言

中华民族的形成经历了漫长的融合过程。原始社会时期，诸多部族并存，经夏、商、西周，至春秋战国时期，各民族交流渐多，华夏族形成。秦汉时期，建立了统一的多民族国家，汉民族之主体形成。再经过魏晋南北朝、隋唐、五代辽宋夏金元，到明清时期，中华各民族已基本定型。近代，中华各民族共同抵抗外侮，争取民族独立，更加紧密地凝聚在一起，形成具有多元一体特征的中华民族，成为牢不可破的命运共同体。

文明是人类社会发展进步的标尺，在人类历史发展中，世界呈现着多元文明。英国史学家汤因比曾把人类历史上形成的文明划分为 26 个文明形态，其中，只有中华文明一直延续下来，而且没有中断。

中华文明为什么能够延续而生生不息呢？对于这个问题，学者们从很多角度进行了探讨与解答。从中华民族与中华文明的关系来说，中华文明是由中华大地上的各民族共同创造的原生文明，是各民族的文明相互交融、熔铸而成的，具有多元性与强大的生命力。

中华民族在形成过程中，各民族共同缔造了辽阔的疆域，共同开拓、开发了我们生活的家园。中国的经济模式是多样的，汉民族创造发展了农耕文明，不断总结经验，精耕细作，培育物种，形成了《氾胜之书》《四民月令》《齐民要术》《王祯农书》《农政全书》等系列农书；匈奴、鲜卑、蒙古等北方民族以畜牧业为主，发展创造了草原文明；西南地区的各民族发展了山林农牧经济；东北地区的赫哲、鄂温克、鄂伦春等民族形成了渔猎经济。各民族互相交流，互通有无，丰富了中华民族的经济生活，创造了多元的物质文明。

中国在历史上虽然有分裂时期，但是中华各民族心向统一，各民族所建政权都努力实现国家统一，统一始终是历史发展的趋势与主流，国家的统一为中华文明的发展奠定了坚实的基础。中国虽然有朝代的更替，但无论哪个民族建立的朝代无不以传承与发展中华文化为己任，后一朝代总是继承前朝的治国良策，从未阻断中华历史发展的进程，创造了影响深远的制度文明。郡县制，中国的地方行政管理制度，萌芽于春秋时期。秦统一后，于全国各地设郡县，各朝继承，延续至今。科举制，中国古代的选拔人才制度，产生于隋，完备于唐，并被蒙古族建立的元与满族建立的清沿用。科举制为古代中国选拔出一批批人才，也影响了世界，成为西方文官制度的重要参考。法律是文明时代的重要标志之一，在战国时期，李悝汇集当时各国法律编成《法经》；唐代集前代之大成，修成《唐律疏议》，是我国现存最早的完备法典，是以后朝代制定法律的蓝本；清朝集历代法典之大成，制定了《大清律例》。中华法律文明也深刻地影响了朝鲜半岛、日本、越南等国家地区的法律制度。

中华各民族在哲学、宗教、文学、艺术、天文历法、医药、建筑等领域都创造了辉煌的文明成果，诸子散文、汉赋、唐诗、宋词、元曲、明清小说是我们的文学瑰宝。中国最早的诗歌总集是华夏族的《诗经》，藏族有《格萨尔王》，蒙古族有《江格尔》，柯尔克孜族有《玛纳斯》，维吾尔族有《福乐智慧》，彝族有《阿诗玛》……各族的诗篇共同充盈了中华文化宝库。

所以，漫长的中国发展史无可辩驳地证明了中华民族是在历史发展中凝聚而成的，中华灿烂的文明史是由中华各民族共同书写而成的。

第一章

中华民族的形成

在中华大地上，生活着许多民族，以炎黄部落为中心，逐渐融合成华夏族，又发展为汉族，人口数量最多，政治、经济与文化等方面最为先进；各历史时期的少数民族多分布于周边地区。经过历史的变迁，各民族迁徙、交流，互学互鉴，彼此认同，凝聚力越来越强，形成了中华民族。

第一节　从华夏族到汉族

经过长久的民族融合，在春秋时期，华夏意识产生，有了“夷夏”之别的观念。在战国时期，共同的民族意识增强，在地域、语言、文化方面开始走向统一，诸多民族融合成为华夏族。秦汉时期，国家实现了统一，语言文字也实现了统一，统一的思想被推行于天下，更多的民族被纳入到国家统一的治理体系之下，进一步融合，形成汉族。

一、华夏族的形成

中华大地是人类的发源地之一，古人类遗迹如满天星斗一样分布于各地。就目前所发现的遗迹来看，大约在距今 200 万年之前，在中华大地上已有了原始人的足迹，著名的猿人有距今约 170 万年的元谋人，距今约 69 万年的北京人，等等。在距今 5 万年前后，现代人开始形成，其代表是距今约 1.8 万年的山顶洞人。

在距今四五千年时，先民们形成了若干部落群：生活在黄河中游、关中平原以姬姓、姜姓为主的炎黄部落群，生活在海岱地区、淮泗流域及长江下游的夷族部落群，生活在汉水、长江中游的苗蛮部落群，生活在秦陇以西的诸戎部落群，生活在秦晋以北黄土高原与燕山一带的群翟部落群，生活在四川盆地的巴蜀先民，生活在长江以南至岭南的古越族部落群等。

那时，社会生产水平较低，人们为了生存，可能与其他部落群之间进行交往交融，也可能需要通过迁徙寻找新的生存空间，因而会与其他部落群发生战争。

《史记·五帝本纪》记载了炎帝、黄帝、蚩尤之间的战争：

山东嘉祥武氏祠轩辕黄帝画像

炎帝意欲欺凌其他部落，而这些部落都拥护轩辕氏。于是轩辕氏修行德业，整顿军旅，研究四时节气变化，种植五谷，发展生产，安抚民众，丈量四方的土地，训练以熊、罴、貔貅、貙、虎等猛兽为图腾的氏族部落，与炎帝在今河北省涿鹿县东南的阪泉郊野交战，经多次战斗而征服了炎帝。后来蚩尤发动叛乱，不听从轩辕氏之命。于是轩辕氏征调各部落的军队，在涿鹿郊野与蚩尤作战，终于擒获并杀了蚩尤。这样，各部落都尊奉轩辕氏做天子，取代了炎帝神农氏。轩辕氏就是黄帝。

这样，黄帝部落征服进而融合了炎帝与蚩尤的部落，以炎黄部落联盟为核心，包括东夷、苗蛮等先民的共同体逐渐形成，成为华夏族的主体，黄帝成为华夏各民族共同的祖先。

那么，为什么称为华夏族呢？

“华”，本义为花蕾、花朵、开花，草木因开花而美丽。《说文解字》解释为“荣也”，亦解释为“冕服采章”，以与披发左衽的“夷狄”相区分。一说指华山，夏族在华山周围居住活动。一说夏族崇拜花或融合了以花为图腾崇拜的部族。

“夏”，《尔雅·释诂》解释为“盛大”，《说文解字》解释为“中国之人也”，也就是中原大国的人。清代段玉裁注释说，这是为了区别于北方的狄、东北的貉、南方的蛮闽、西方的羌、西南的焦侥、东方的夷。胡阿祥、宋艳梅在《中国国号的故事》中考证认为“夏”本义为蝉。

大约从春秋时期开始，我国古籍将“华”“夏”连用，合为“华夏”。唐代孔颖达在《春秋左传正义》中对“华夏”作了这样的解释：“中国有礼仪之大，故称夏；有服章之美，谓之华。华、夏一也。”

在甲骨文中，“族”是一个会意字，由上下两部分构成，上方是飘扬旗帜的象形，旗帜下面竖立着一支“矢”，即箭，会意为聚集。东汉许慎《说文解字》的解释为：“族，矢锋也。束之族族也。”也就是说，族就是箭头，许多箭头聚集在一起即为族。原始社会以血缘为纽带的氏族部落可能常常在族旗之下，围捕野兽，驱赶敌人。一群人为了维护共同的利益而共同作战就是族。

甲骨文　　金文　　小篆　　隶书

以大禹为始祖的夏族建立了我国第一个王朝——夏朝，大禹是黄帝后裔，据《史记·夏本纪》记载，夏族的世系为：黄帝—次子昌意—颛顼—鲧—禹—启。因为蝉出于污秽而能蜕变转生、蝉居高而鸣远、蝉饮露而高洁等，所以大禹之子启以蝉为图腾，然后又以本义为蝉的“夏”为国名。[①] 一说因禹被封为夏伯，故把夏作为族名、国名。

商族与周族也承认他们活动的区域属于大禹开拓的土地，《诗经·商颂·殷武》说各诸侯把都城设在“禹之绩”，《诗经·大雅·文王有声》说文王建造的丰邑（今陕西西安鄠邑区）属于“维禹之绩”。周朝人自称“区夏”“有夏”，自居为夏之后裔。春秋战国时期，中原地区的国家称为诸夏或华夏。经过这一时期的融合，作为一个民族共同体的华夏族更加稳定。

统一的秦王朝建立后，在秦的疆域内，华夏族仍旧自称为“华夏”，而周边民族与西域诸族、匈奴称其为“秦人”。

总之，随着历史的发展，华夏族不断与“夷”“蛮”“戎”“狄”等民族融合，成为多民族融合的共同体，虽然后来又有了其他称呼，但“华夏族”之名仍沿用不废。

① 参见胡阿祥、宋艳梅《中国国号的故事》，山东画报出版社，2008，第18页。

二、汉族的形成

至汉代时，华夏族后裔称“汉人”“汉族”，“汉族”之名即由汉朝而来。

公元前 206 年，项羽立沛公刘邦为汉王，治于今陕西省汉中市。刘邦非常恼怒，谋划攻击项羽，谋臣萧何进谏，劝阻了刘邦。萧何说：“虽然为汉中王不好，但总胜过去送死吧？”汉王说：“怎么是去送死呢？”萧何说：“现在您的兵力不如项羽，必然百战百败，不是去送死吗？《周书》有记载‘天给予而不取，反而会遭受祸端’，汉中被称为‘天汉’，这个称呼甚美。能屈居在一人之下，发展成为万乘之土的君主，这是商汤、周武王这样的名君所为。臣希望大王能为汉中王，采取抚养百姓、招揽贤才的政策，收用巴、蜀的财力，再回师平定雍、翟、塞三秦之地，就可以取得天下了。”

萧何的理由一是项羽势力强大，如果当时与其开战，必然百战百败，走入绝境，故不如去汉中就国。二是“汉”为美称。这不仅是刘邦接受项羽之封的原因之一，而且在公元前 202 年，刘邦即皇帝位建立了政权后，就以“汉”为国号。

关于“汉”的文献记载有：《诗经·小雅·大东》“维天有汉，监亦有光”，西汉毛亨解释说“汉，天河也”，意思是天上的银河，看起来闪闪发光。《诗经·大雅·云汉》“倬彼云汉，昭回于天”，东汉郑玄注“云汉，谓天河也”，唐人孔颖达说“此云汉与《大东》‘天汉’为一，故云天河也”。此句意为天河浩瀚，繁星闪耀，在天空运转不息。所以，“汉”又称天汉，指天河。

汉初休养生息，出现文景之治的局面，至汉武帝时达到鼎盛。汉朝在与其他民族的交往中，大量出现了“汉”“汉兵”“汉军”“汉吏”的称呼，汉武帝之后，又出现了“汉人”“汉民”的称呼。这里面有自称也有他称。享国 210 年的西汉（前 202—8 年）之后又有延续 195 年的东汉（25—220 年），进一步强化了汉在人们心目中的印象。因为汉朝的国势强盛，国运长久，疆域辽阔，声名远播，故“汉人”“汉民”等成为汉朝整体民众的称谓。

而在汉朝辽阔的疆域内，汉人与匈奴人、乌桓人、鲜卑人、滇人等是交错杂居的，他们交往、交融，是故汉族是一个包含了众多血脉的民族。汉族成为中华民族主体民族的族称。

第二节　中华古代少数民族的演变

在辽阔的中华大地上，生活着众多的民族，在历史的演变中，有些民族已经消失在历史的烟尘之中，有些民族融入了其他民族而获得新生，各民族共同熔铸成了中华民族。

先秦时期的部族非常多，据《左传·哀公七年》记载，禹受命治水，会诸侯于涂山，执玉帛纳贡者有万国；又据《礼记·王制》与《后汉书·郡国志》注引《帝王世系》所记，到了汤建立商朝时，有三千余诸侯国；至周克商，有一千七百七十三国；春秋时期，尚有一千二百余国；战国仅存十余国，再经过兼并融合，秦朝建立了统一的多民族国家。

西周至春秋战国时期，周边的民族简称东夷、西戎、北狄、南蛮。东夷是对我国东部地区古代民族的统称，有淮夷、莱夷、徐夷等。西戎是对西北戎族的统称，包括伊洛之戎、犬戎、骊戎、义渠之戎、大荔之戎、乌氏之戎、陆浑之戎等。北狄是对北方民族的泛称，包括赤狄、白狄、长狄等。南蛮是对南方少数民族的统称，又称“六蛮”“八蛮”或“百蛮”，春秋时期有荆蛮。南方还有百越、百濮。战国时期，北方的匈奴逐渐强大起来，不断向南发展，秦、赵、燕三国曾筑长城以拒之。

秦汉时期，北方的少数民族主要是匈奴。匈奴的族源众说纷纭，有来自夏说，《史记·匈奴列传》说匈奴是“夏后之苗裔也”；有来自商周时的鬼方、猃狁说；有来自义渠、林胡、楼烦说；等等。

西南的少数民族，统称西南夷，族属和来源复杂，大体可以分成三个族系：滇、邛都、巂、昆明、筰都、冉駹、白马等属于藏缅语族的氐羌族系，夜郎、且兰、滇越等属于壮侗语族的百越，哀牢、濮属于南亚语系孟高棉语族的百濮。

东南有越族，包括东瓯、闽越与南越等。东北有乌桓、鲜卑、夫余、挹娄、高句丽、濊貊、沃沮等族。乌桓，也称乌丸，属于我国古代北方东胡族。鲜卑也属于东胡族系的一支。

在西域有诸多民族，据清徐松所撰《汉书西域传补注》考订，有三十六国：婼羌国、楼兰国、且末国、小宛国、精绝国、戎卢国、扜弥国、渠勒国、于阗国、皮山国、乌秅国、西夜国、子合国、蒲犁国、依耐国、无雷国、难兜国、大宛国、桃槐国、休循国、捐毒国、莎车国、疏勒国、尉头国、姑墨国、温宿国、龟兹国、尉犁国、危须国、焉耆国、姑师国、墨山国、劫国、狐胡国、渠犁国、乌垒国。三十六国，一部分是游牧部落，另一部分是城郭之国，简称城国。龟兹国（今新疆库车）有 8 万多人，人口最多。焉耆国（今新疆焉耆）有 3 万余人，居于第二位。

魏晋南北朝时期的少数民族有匈奴、鲜卑、羯、氐、羌，等等，他们纷纷内迁并建立政权。十六国北朝时期，匈奴族建立了汉、前赵、夏。卢水胡沮渠蒙逊建立北凉，羯族石勒建立后赵，氐族建立前秦、后凉，羌族建立后秦。賨人李雄建立成国，李寿时把国号改为汉，史称成汉。鲜卑诸部建立了多个政权，慕容鲜卑部建立的有前燕、后燕、西燕、南燕，乞伏鲜卑部建立了西秦，秃发鲜卑建立了南凉，拓跋鲜卑建立了代、北魏、东魏、西魏，宇文鲜卑建立了北周。

柔然，又称芮芮、茹茹、蠕蠕等。柔然人的族源，有来自东胡、鲜卑、匈奴、塞外杂胡等说法。北魏天兴五年（402年），社仑建立柔然汗国。高车，又称敕勒、狄历等，由春秋时期的赤狄、汉代的丁零发展而来。高车之称是因为该族人游牧时常“乘高车，逐水草”。高车酋长阿伏至罗建立高车国，亦称阿伏至罗国。

隋至唐朝前期，北方的少数民族是突厥，东北有靺鞨，西部有党项羌与吐谷浑；唐朝后期的主要少数民族有回纥（鹘）、契丹、吐蕃、南诏等。

突厥之名是因所游牧地区的阿尔泰山山形与古代的战盔、兜鍪相似，故俗称突厥。6世纪中期，逐渐强大起来，建立了突厥汗国。后来分裂为东、西突厥汗国。靺鞨，族源为肃慎、挹娄、勿吉，也是后来满族的祖先。吐谷浑，属于鲜卑慕容部一支。回纥，属于铁勒的一支，公元788年，改为回鹘，是今维吾尔族的祖先。8世纪中叶，建立回纥汗国。吐蕃，也称土蕃、土伯特、条拜提、退摆特等，族源是西羌中的发羌。吐蕃是今藏族的祖先。唐太宗贞观七年（633年），松赞干布正式建立吐蕃王朝。在云贵高原生活的部族有乌蛮六诏：蒙嶲诏、越析诏、浪穹诏、邆赕诏、施浪诏、蒙舍诏，蒙舍诏因在诸诏之南而得名“南诏”。唐玄宗时，为牵制吐蕃，支持南诏王皮逻阁统一了各部，建立了南诏国。

五代辽宋夏金元时期，主要少数民族有契丹、女真、渤海、奚、室韦、乌古、敌烈、阻卜（鞑靼）、萌古（朦骨、蒙古）、沙陀、党项、回鹘、葛逻禄、吐蕃、白蛮、乌蛮、僮、苗、瑶、黎等族。

这一时期各民族迭相建立政权。五代中的后唐、后晋、后汉与十国中的北汉的建立者是沙陀族。916年，契丹族耶律阿保机称帝，建立辽。1038年，党项族元昊称帝，建立政权，国号大夏，史称西夏。回鹘建立的政权为喀喇汗国，也称哈拉汗王朝、黑汉王朝、黑韩王朝等。1115年，女真族建立金朝。

元明时期，主要少数民族有蒙古、回回、维吾尔、藏、女真、白蛮、苗、瑶、僮、彝、黎、傣等族。这些民族曾在元朝和明朝的统治之下，有着密切的政治、经济联系。

蒙古是东胡室韦的一支，唐代时被称为蒙兀室韦、蒙瓦，辽代称鞑靼，《辽史》中称为萌古。回族，回回民族的简称，习惯称为回回，元朝时期孕育形成。13世纪初，蒙古军西征，波斯、阿拉伯及中亚各国的军士、工匠、商人等大量移入中国，被称为“色目人”，他们又融汇部分汉、回鹘、蒙古等族的成分，形成回族。

元朝末代皇帝元顺帝在至正二十八年（1368 年）向北逃到塞外，仍旧沿用原来的国号，史称北元。明朝建文帝四年（1402 年），鞑靼部帅鬼力赤杀掉坤帖木儿，自立为可汗，废了大元国号，改称鞑靼。漠西蒙古瓦剌也独立出来，蒙古族分裂。满族，即女真族，1635 年，皇太极改称为满族。

清朝是满族建立的统一的多民族政权，主要少数民族有蒙古族、维吾尔族、藏族、苗族、壮族、瑶族、彝族、高山族等，都处于清朝的统治之下。

在中华各少数民族中，有的是由氏族、部落、部落联盟逐渐发展为民族共同体的，是原生型或者土生民族，如苗族、羌族、藏族、维吾尔族、蒙古族等。有的民族是多个民族融合而成为民族共同体的，如回族、东乡族、保安族、撒拉族、土族、哈萨克族、乌孜别克族等。还有的民族在不同时期由境外迁入我国境内而成为我国少数民族中的一员，如乌孜别克族、塔塔尔族和俄罗斯族等。

在中华各民族的发展过程中，有分化，有融合，几乎各民族都是民族融合体，这些民族又融合成中华民族共同体。

第三节　中华民族共同体的形成

四五千年前，炎黄部落、东夷部落、苗蛮部落融合；夏、商、周时期进一步融合周边的部族。春秋战国时期，各国交战，出现了空前规模的大迁徙、大交流，华夏族与其他民族打破了各族间固有的地域界限，杂居共处，各族经济文化交往、融合加强。

魏晋南北朝时期，北方民族纷纷南迁，他们与汉族政权进行战争，进行交往，汉族深刻地影响了少数民族，少数民族也为汉族文化输入了新鲜的血液。至唐代“华夷一体”，把民族融合推向一个高峰。

五代辽宋夏金元时期，又是一次民族大融合时期，少数民族融入汉族，汉族、回鹘等族融入藏族，回鹘族和其他民族融合成维吾尔族。

明清时期，各民族已基本定型，聚居区域的分布也稳定下来，与现今的五十六个民族相一致。各族人民已经并肩战斗，同仇敌忾，共同抗击倭寇侵扰，抗击沙俄的侵略。

自 1840 年鸦片战争开始，中国不断遭受到英、法、美等列强的侵略，不甘忍受屈辱的仁人志士前赴后继地寻求救国之路，奋起抗争。中华各族人民自觉团结在一起，成为费孝通所说的“自觉的民族实体”。

“中国民族”“中华民族”的概念正是在这样的背景下创造性地提出来的。

1898年，帝国主义国家妄图瓜分中国，中华民族的危机空前严重，到了生死存亡的时刻，梁启超为了唤醒中国人的民族意识，激发爱国精神，开始进行民族史研究，在《中国殖民八大伟人传》一文中首次使用“中国民族”一词，他指出一些英雄人物被排除在中国历史的记载之外，岂不就是“中国民族见摈于今日生存竞争界之表征”。1901年，在《中国史叙论》中又多次运用“中国民族”的说法。1902年，梁启超在《论中国学术思想变迁之大势》中指出齐国是拥有海洋的国家，在上古时代，“我中华民族之有海权思想者”，只有齐国。所以从这里产出两种观念，一是国家观，二是世界观。这是迄今所见最早提出“中华民族”概念者。

梁启超对中华民族的含义也有一个不断深化认识的过程。1905年，在《历史上中国民族之观察》中，梁启超认为中华民族，就是“普通俗称所谓汉族”。1922年，梁启超对“中华民族”一词的边界有了新的认识，在《中国历史上民族之研究》中做出了最终阐述：“凡遇一他族而立刻有‘我中国人’之一观念浮于其脑际者，此人即中华民族之一员也。”此时，梁启超的中华民族观已经升华到了“民族意识”的范畴，现代意义上的“中华民族”概念就此产生。

这一概念的提出具有重大意义：20世纪初期，在民族资产阶级革命党人内部原来存在着狭隘的排满民族主义思想，梁启超提出的中华民族共同体的观点被革命党人、立宪派人士以及清朝的一些开明贵族所接受，使革命党人的民族偏见得到矫正。这一观点有利于消除民族隔阂，为全国各民族团结起来反抗侵略、争取民族解放提供了积极的理论指导。

梁启超对“中华民族”内涵的界定，是中华民族大家庭理论构建的一个里程碑。

伟大的资产阶级民主革命先行者孙中山对“中华民族”的认识也是逐步升华的。孙中山在进行革命实践中，1894年提出了“驱除鞑虏，恢复中国，创立合众政府”的纲领，其目标主要是恢复汉民族的统治。1905年提出了“驱除鞑虏，恢复中华，创立民国，平均地权”的政治纲领，指出不是简单的排满，不是针对所有满人，而是要扫除清政府的专制政治、暴虐残忍的刑罚、苛捐杂税、虎狼官吏。这一纲领成为资产阶级革命政党——同盟会的宗旨。1912年，中华民国创立，孙中山在就任临时大总统的宣言书中提出“五族共和”的主张：“国家之本在于人民，合汉、满、蒙、回、藏诸地为一国，即合汉、满、蒙、回、藏诸族为一人，是曰民族之统一。”

孙中山指出，五族是平等的，五族的责任是“同心协力，共策国家之进行，使中国进于世界第一文明大国”。1924年孙中山重新解释三民主义，在民族主义中强调对外实行中华民族的独立，国内各民族一律平等。孙中山的民族观由狭隘的恢复汉民族统治转为“五族共和”，进而把“中华民族”作为中华各民族政治共同体的代称。

中国共产党把马克思主义与中国革命实际相结合，正确分析了当时中国社会的矛盾，指出中华民族与帝国主义之间的矛盾是最主要的矛盾，毛泽东在《目前抗日统一战线的策略问题》中指出：要团结各族人民，反抗侵略，“对外求中华民族的彻底解放，对内求国内各民族之间的平等”。显然，毛泽东所说的“中华民族”是指中华各民族。

新中国成立后，关于“中华民族”含义的诠释也更加丰富，民族学家陈连开在《中国·华夷·蕃汉·中华·中华民族》一文中归纳为：“中华民族，是中国古今各民族的总称，是由众多民族在形成统一国家的长期历史发展中逐渐形成的民族集合体。”

中华民族多元一体理论是由著名社会学家费孝通提出来的，他在《中华民族多元一体格局》中对中华民族的发展作了系统的论述，他说：“我将把‘中华民族’这个词用来指现在中国疆域里具有民族认同的十一亿人民。它所包括的五十多个民族单位是多元的，但中华民族是一体，它们虽则都称‘民族’，但层次不同。”

这一理论提出后，对于“一体”与“多元”的内涵多有讨论，习近平总书记运用唯物主义的世界观和方法论，从辩证思维的视角科学分析了“多元”与“一体”的关系，指出“一体包含多元，多元组成一体，一体离不开多元，多元也离不开一体”，“一体是主线和方向，多元是要素和动力”。[①] 因而看出，“多元”与“一体”的关系是不可分割的，如果过分强调“一体”而忽视各民族的历史和现实，中华民族就会失去源头、活力；反过来，如果过分强调“多元”而忽视各民族的内在联系和中华民族的共同利益，我们国家和人民就会变成一盘散沙。

① 国家民族事务委员会编：《中央民族工作会议精神学习辅导读本》，民族出版社，2015，第31页。

第二章

中华民族的政治交融

生活在中华大地上的各族人民，经过一代代的开拓，缔造了我们的共同家园。各民族政权在民族政策上交流互鉴，形成多种民族政策，为当今摒弃民族歧视、民族压迫等狭隘的民族政策，构建民族平等、实现共同繁荣的民族政策提供了镜鉴。

第一节　中华民族生活的地域

我国幅员辽阔，河山锦绣，是由中华各民族共同缔造的。他们在这片土地上纵横驰骋，披坚执锐，守土固边；他们在这片土地上勤奋耕耘，生息繁衍，共生同长；他们在这片土地上交流交融，互通有无，创造了辉煌的文明成果，使这片土地成为中华民族世世代代生活的家园。

一、历史各时期的疆域与周边各民族

我国历史时期的疆域是变动的，有扩展，有缩小，总的趋势是扩大的。在历史上，有许多人为开拓疆土抛洒热血，不畏牺牲；有许多人为捍卫疆土，付出了生命的代价。周边民族的活动地域也是有变化的，他们因战争、灾异等因素而流动、迁徙，寻找适合生存的地域，对中国边疆的开发与巩固做出了重大贡献。

（一）先秦时期的疆域与周边各民族

1. 先秦时期的疆域

夏王朝早期活动的中心在河南嵩山、伊河、洛河一带，建都阳城（今河南登封告城镇）。夏王朝后期疆域，东至郑州，西依华山，南濒伊、洛，北到长治，大约跨越今河南、山西、陕西三省的交界地带。

商王朝在武丁时疆域达到极盛，王畿包括今河北南部、河南北部及山东西部一带。疆域东抵今山东滨海地区，北达今山西、河北的北部及辽西朝阳一带，西到甘肃南部，南至淮水、汉水。

在商王武丁时期，商朝达到盛世。

武丁是商朝的第 23 位君主，被后世称为有道明君，他统治的时期被称为武丁中兴。武丁曾在民间生活，与百姓一同耕作，比较了解民间的疾苦。他即位之后，三年不言，观察大臣的忠奸，思考如何能治理好国家。一天，他梦见上天赐给他一位贤能之才来辅佐他，于是他派人四处寻访，在今山西省平陆县境内找到了和梦中相符的人，这就是傅说。虽然傅说是一位筑墙的刑徒，但确实有治国安邦的才能。武丁任命他为相，君臣志同道合，修政行德，励精图治，使商朝国势振兴。

武丁有出色的军事才能，手下还有许多良将，他发起对鬼方、土方、羌方、荆楚等部族的战争，拓展疆域。武丁把许多在当时仍处于原始游牧生活状态的方国纳入商朝的统治，修建城邑，发展农业，促进了这些地区的开发，提高了他们的文明程度。《诗经·商颂·殷武》中记载了武丁对荆楚的征伐，赞颂了武丁的丰功伟绩。

在开拓疆域时，武丁的妻子妇姘、妇好都曾征战沙场，她们是中国历史上有记载的最早的女将军。在甲骨文中有 200 多条关于妇好的记载，她曾率兵征讨 20 多个方国，立下了汗马功劳。她曾率领军队 13000 人征伐羌族，取得胜利。又曾用伏击战的战术歼灭巴方。妇好预先埋伏于敌人西面，武丁则从东面突袭敌人，巴方军队在东西夹击之下，顾此失彼，被歼灭。这大概是有记载的最早的伏击战。20 世纪 70 年代中期，妇好墓被发现，发掘出戈、镞、钺等兵器。这些兵器可能是妇好生前所用或是拥有的。其中有一件重 9 千克的青铜钺，是妇好拥有军事统帅权的标志，上有双虎食人图案，铸有铭文“妇好”。

妇好塑像

周族兴起于渭水中游，后疆域扩大，北至辽宁喀左、朝阳，西至渭河上游，西北至汾河流域、霍山一带，东至大海，南至汉江中游，东南至长江下游、太湖流域。

春秋时期的诸侯国在周代疆域基础上有所扩展，南到洞庭，东南拥有今浙江大部，东临今渤海、黄海、东海，东北拥有燕山辽西，北边拥有今河北西南部、山西大部、陕西北部，西及陇西、川东。战国时期更为广阔，南达五岭，北至阴山，西到甘肃中部，东至大海。

2. 先秦时期周边各民族

莱夷生活在今山东东部，淮夷生活在淮水、泗水流域。他们在商代曾在蒲姑（今山东博兴）、奄（今山东曲阜）等地建立政权。周朝多次征讨夷族，分封齐、鲁两诸侯国，进行镇抚。《诗经·鲁颂·閟宫》赞颂说：“泰山岩岩，鲁邦所詹。奄有龟蒙，遂荒大东。至于海邦，淮夷来同。莫不率从，鲁侯之功。保有凫绎，遂荒徐宅。至于海邦，淮夷蛮貊。及彼南夷，莫不率从。莫敢不诺，鲁侯是若。”鲁国的疆土拓展至海畔，淮夷、蛮、貊、南夷无不相率服从，夷族势力逐渐衰落下去，融入华夏族。

戎族分布于今甘肃、宁夏、内蒙古、山西、陕西、河北、河南以及辽宁等地。白狄分布于今陕西中部、河北中部，赤狄在今山西东南部。秦穆公时向西开拓千里，征服了多个戎狄小国。使秦国南至秦岭，西到狄道（今甘肃临洮），北达朐衍戎（今宁夏盐池），东及黄河，《史记·秦本纪》描述说：“益国十二，开地千里，遂霸西戎。”秦国统一了西部局部地区，加速了华夏族与戎族的融合，促进了西部经济、文化的发展。

群蛮分布在楚国南部。战国时期，匈奴于漠南阴山（今内蒙古狼山、大青山）地区兴起。

西周时期已设置官员管理少数民族事务，根据《周礼》记载，“小行人”负责接待少数民族的使者，接受其贡物；“象胥”精通蛮夷戎狄等族的语言，负责语言传译，协助少数民族使者或首领完成礼仪；“掌客”掌管少数民族宾客的牲牢、赠礼和饮食等方面的等级礼仪；“职方氏”掌管天下地图与土地，辨别四夷、六狄、七闽、八蛮、九貉、五戎的人民，以及他们的财物、作物、六畜的数量，全面了解他们的优势与劣势。这些职官设置有利于增进民族间的交流，为形成民族共同体与统一多民族的国家创造了一定的条件。

（二）秦汉时期的疆域与周边各民族

1. 秦汉时期的疆域

秦统一六国并拓展了疆域，秦将蒙恬攻占河南地、北假，也就是今内蒙古河套地区及河套以北、阴山以南的夹山带河地区，并在今内蒙古包头西北设立九原郡。秦又降服东越，设会稽郡；降服东瓯，设闽中郡；降服南越和西瓯，设桂林、象、南海三郡。在东部设辽东郡，郡治襄平，在今辽宁辽中；在西部设陇西郡，郡治狄道，在今甘肃临洮南。据《史记·秦始皇本纪》记载，秦朝疆域东到海，西至临洮、羌中，南至位于今越南中部地区的北向户，北据河为塞，并阴山至辽东。

西汉的疆域在汉武帝时达到极盛，汉武帝命军出击匈奴，设置朔方、五原两郡；西通西域，在河西走廊设置酒泉、武威、张掖、敦煌四郡；南收闽粤，平定南越，设南海、苍梧、郁林、合浦、交阯、九真、日南、珠崖、儋耳九郡；经营云、贵、川，使西南夷相继归附，设置武都、牂柯、越嶲、沈黎、文山郡。疆域东起东海，西至巴尔喀什湖，北抵贝加尔湖，南迄南海，版图较秦汉之交拓展近一倍，成为当时世界上最大的统一的多民族国家。正是因为西汉王朝的强盛，才使“汉族”成为我国主体民族的称谓，传承至今。

2. 秦汉时期周边各民族

秦汉之际，匈奴兼并周边民族，成为一个强大的政权，东至辽河，西跨葱岭，北抵贝加尔湖，南到长城。东汉时期，南匈奴活动中心在今天的鄂尔多斯草原。北匈奴被接连击败，退出天山东麓，向西迁徙。

汉初，高祖刘邦曾率大军伐匈奴，结果被围困于白登山（今山西大同马铺山）。汉武帝通过公元前 127 年、公元前 121 年、公元前 119 年三次战争，大大削弱了匈奴的力量，使其无力再大举南下。在征伐匈奴的战争中，卫青与霍去病的功勋最为显赫。

卫青，字仲卿，河东平阳（今山西临汾）人。汉武帝元光六年（前 129 年），汉武帝派卫青、公孙贺、李广、孙叔敖四路大军出击匈奴，只有卫青获胜，歼灭几百名敌人，赐爵关内侯。第二年，卫青又率领三万骑兵从雁门关出击匈奴，歼敌几千人。汉武帝元朔五年（前 124 年）春，卫青率三万骑兵攻打匈奴，直捣匈奴右贤王驻地，右贤王惊恐万状，仓皇中只带着几百精兵逃跑了。汉军大胜，俘获一万五千多人、牲畜上百万头，其中有右贤王属下小王十多人。卫青升为大将军，食邑八千七百户，三个儿子被封侯。

霍去病，卫青的姐姐卫少儿之子。善于骑射，作战勇猛，十八岁为侍中。两次随卫青攻打匈奴，一次作战时，霍去病带领八百轻骑骁勇离开卫青所率主力几百里，在茫茫大漠中找到敌人踪迹，斩杀敌人两千多，被封为冠军侯。汉武帝元狩二年（前121年）春，骠骑将军霍去病统率一万骑兵出陇西，转战六日，攻破五个匈奴附属国，与匈奴短兵相接，经过苦战，斩杀匈奴两王，俘获八千九百多人，获得休屠王的祭天金人。这年夏再次出兵，霍去病所率军队深入匈奴腹地，所获甚丰，俘虏了三万多人，其中有五个王、单于阏氏、王子、王母等多人。霍去病的地位日益显耀，与卫青齐名。

汉武帝元狩四年（前119年），卫青、霍去病受命各带领五万骑兵攻打匈奴。卫青所率军出塞一千多里，与匈奴单于军队交战，鏖战一天，黄昏时狂风大作，砂石扑面，单于见形势对己不利，带着几百轻骑逃跑。汉军追击二百余里，但没有追上，杀敌一万九千多。霍去病出塞两千余里，击败匈奴左贤王，斩获七万余人，在狼居胥山（今蒙古国乌兰巴托东肯特山）祭天，功劳超越卫青。此战之后，“匈奴远遁，而幕南无王庭”。卫青、霍去病均加封为大司马。

汉武帝曾为霍去病建造了一所豪华宅院，而霍去病却说：“匈奴未灭，无以家为也！”他把国家安危置于享受富贵荣华之上，使汉武帝更加器重他。当霍去病二十三岁英年早逝后，汉武帝为表彰他的功业，将其坟墓建造成祁连山的形状。

东汉时期，匈奴分裂为南、北匈奴，南匈奴归附于汉。汉明帝永平十六年（73 年）、十七年（74 年），窦固、耿秉接连击败北匈奴，使西域得以畅通，恢复设置了西域都护、戊己校尉。汉和帝永元元年（89 年），窦宪、耿秉、耿夔又分别击败匈奴。窦宪追击匈奴北单于，至塞外三千余里的燕然山（今蒙古国杭爱山），登上燕然山“刻石勒功”，彰显汉之威德。“燕然勒石”成为后世追求千秋功业的代名词。91 年，匈奴不得不向西迁徙，匈奴对汉的威胁最终解除。

西域是我国古代对西部疆域的泛称。西汉初年，西域主要指今天的南疆；西汉中期，在人们的观念中，西域包括新疆北部和中亚、西亚、南亚等地。

汉武帝为了联合大月氏、乌孙夹击匈奴，于公元前 138 年、公元前 119 年两次派张骞出使西域。张骞跋涉数万里，备尝艰辛，第一次去的时候，被匈奴扣留十余年，回归时又被扣留一年多，张骞出发时所带一百多人只有张骞与胡人甘父回归，共历时十三年。张骞出使西域，扩大了西汉的影响，开拓了被后世称为“丝绸之路”的贸易通道，司马迁称之为“凿空”，促进了汉朝与西域各民族、中亚各国在经济、文化等方面交流融合。

敦煌壁画中张骞通西域

汉宣帝神爵二年（前60年），汉又控制了西域北道，设置了西域都护作为西域最高行政与军事长官，负责颁行朝廷号令、发兵征讨西域诸国之叛乱。西域都护的设置表明西域正式归属中央政权。

东汉时，班超为巩固中央政权在西域的统治做出了贡献。班超，字仲升，汉扶风平陵（今陕西咸阳）人。他为人不拘小节，孝顺恭敬，勤奋努力，吃苦耐劳，有辩才，博览书籍，胸怀大志。汉明帝永平五年（62年），班超因家贫靠替官府抄写文书奉养母亲，他曾投笔叹曰："大丈夫无它志略，犹当效傅介子、张骞立功异域，以取封侯，安能久事笔砚间乎？"他认为大丈夫应该效法出使楼兰的傅介子与出使西域的张骞，建立功勋，得以封侯，怎么能长久埋首笔砚之间呢？周围的人都取笑他。班超说："小子安知壮士志哉！"这就是班超投笔从戎的典故。

汉明帝永平十六年（73年），奉车都尉窦固出兵攻打匈奴，班超随从北征，任军假司马之职，即军司马的副手，这是班超弃文从武的第一步。班超率军出击伊吾（今新疆哈密），得胜而还。

窦固很欣赏班超的能力，派他和从事郭恂一起出使西域。他们首先到了鄯善（今新疆若羌），鄯善王起初对他们礼敬有加，后来忽然变得疏远怠慢起来，原来是匈奴的使者也到了鄯善。班超招来部下一起饮酒，激励他们说："我们到这么遥远的地方，是为了建功立业，现在因匈奴的到来，鄯善王对我们不再礼敬，如果他把我们交给匈奴，那我们就会成为豺狼的食物了。我们该怎么办呢？"众人表示在这生死危亡的时刻，听从班超的安排，班超说："不入虎穴，不得虎子。现在最好的计策就是趁着夜色，用火攻匈奴，使他们摸不清状况，不知道我们有多少人，他们必然非常恐惧，我们可以一举将其歼灭。匈奴使者被灭，必然使鄯善吓破了胆，那我们就功成事立了。"于是，在初更时，班超安排十余人拿着鼓藏在匈奴居舍的后面，约定看见火光，击鼓大呼，其余人持弩箭埋伏在门的两侧。然后班超顺风纵火，前面后面一起击鼓大喊，匈奴使者被消灭，鄯善臣服。

班超升为军司马，再次出使，降服于阗、龟兹、疏勒、莎车。汉和帝永元三年（91 年），班超被任命为西域都护。又降服焉耆、尉犁、危须，将西域置于东汉统治之下。

班超在西域镇守二十二年，用卓越的智慧使西域各国顺服，不动用中原的力量，不劳烦士兵，使少数民族和睦、归心于汉，后被封为定远侯。班超经略西域三十余年，舍生忘死，多次力挽狂澜，屡立奇功，为西域的发展与民族的融合做出了卓越的成绩。

乌桓的活动区在西辽河上游的西拉木伦河流域。西汉时，乌桓受匈奴压迫与奴役，汉武帝命人击败匈奴，把乌桓部众迁至渔阳、辽东、辽西等边地，并设置了护乌桓校尉。东汉初期，乌桓各部在匈奴驱使下寇掠汉朝边境，成为边患。46 年，匈奴内乱并遭遇蝗灾，乌桓趁机袭击匈奴，摆脱了匈奴的掌控。49 年，乌桓大人郝旦等率众降汉，刘秀封郝旦等 81 人为侯、王、君长，把他们安排在幽、并二州的十个边境郡内，让他们招集乌桓族人内附，并于上谷宁城（今河北宣化）复设护乌桓校尉，统领监管乌桓各部，主持汉族和乌桓等族的贸易往来。东汉王朝每年配给乌桓衣食，让他们辅助守卫边防，对抗来自北匈奴和鲜卑的侵袭扰乱。乌桓与汉族的杂居与交往促进了乌桓的发展，由逐水草迁徙的原始社会向阶级社会过渡，部落“大人”也演变为世袭制，乌桓逐渐与汉族融为一体。

20 世纪 70 年代初发现的内蒙古和林格尔汉墓，其主人为东汉护乌桓校尉。墓中有壁画 57 幅，100 余平方米，内容丰富，是研究汉代护乌桓校尉建置与社会生活的重要资料。

东汉使持节护乌桓校尉墓壁画（局部）

（三）魏晋南北朝时期的疆域与周边各民族

1. 魏晋南北朝时期的疆域

魏晋南北朝时期是中国历史上的一个大分裂时期，西晋曾实现短暂的统一。然后出现南北对峙，北方出现一系列政权，即所谓的十六国与北朝，前秦与北魏曾在北方实现短时间的统一；南方则为东晋、宋、齐、梁、陈的更替。

就整个中国疆域而言，西南疆界向内收缩，北部疆界无显著变化。280 年，西晋灭吴，三国时期结束，疆域大体东至朝鲜半岛中部，西到流沙以西，南抵日南，北达瀚海大漠。

2. 魏晋南北朝时期周边各民族

鲜卑族最初在大兴安岭及辽阔的呼伦贝尔草原游牧。鲜卑族的具体发源地在哪里呢？现在一般认为，鲜卑族特别是拓跋鲜卑的发源地在嘎仙洞。嘎仙洞位于大兴安岭北段东麓嘎仙高格德山的半山腰处，距离内蒙古自治区鄂伦春自治旗阿里河镇约 10 千米，嘎仙高格德山巍峨险峻，古称大鲜卑山，鲜卑族即因而得名。

1980 年，在嘎仙洞口西侧的石壁上发现了北魏祭告天地与祖先的祝文，这是中书侍郎李敞在太平真君四年（443 年）受北魏太武帝拓跋焘遣派，专程至大鲜卑山祭拜时所刻。祝文有 19 行，计 201 字，和《魏书·礼志》所记仅有个别字句不同。祝文歌颂了祖宗功德，祈求祖先保佑。发现者米文平这样评述祝文的书法："隶意犹浓，参差不一，古朴雄健，苍然可辨。"

东汉和帝永元元年（89 年），北匈奴被汉将窦宪打败，大部分匈奴西迁，鲜卑遂占有了北匈奴故地。东汉桓帝（147—167 年）时，在首领檀石槐的领导下，鲜卑组成强大的军事部落联盟。

北魏是鲜卑族所建各政权中影响最大的，一度统一北方，其疆域大致北至今中蒙边界稍北；东界退缩，在辽河以西；西部控制着焉耆（今新疆焉耆）和鄯善一带，设西戎校尉管辖，驻地在扜泥（今新疆若羌）。

北魏北部的柔然、高车，其活动区域在蒙古高原和今叶尼塞河上游、贝加尔湖一带，东部为高句丽。

十六国前期，柔然先后依附于鲜卑拓跋氏和铁弗匈奴。北魏道武帝天兴五年（402 年），建立柔然汗国。柔然政权主要由鲜卑、敕勒、匈奴和突厥等许多不同民族和部落组成。6 世纪初，柔然统治集团内部发生内讧而分裂。555 年，柔然被强大起来的突厥击溃而灭亡。柔然势力最盛时，活动范围跨大漠南北，北到贝加尔湖，南达阴山北麓，东北抵大兴安岭，西边远至准噶尔盆地和伊犁河流域，并一度占据塔里木盆地。

高车，曾依附于匈奴、拓跋鲜卑、柔然。早期在东起贝加尔湖、西至阿尔泰山以北的地区活动。北魏孝文帝太和十一年（487 年），趁北魏打败柔然之机，脱离柔然向西迁徙。迁移到车师前部（今新疆交河故城）西北，建立高车国。其控制范围，东北到色楞格河、鄂尔浑河、土拉河一带，西南扩展到高昌、焉耆、鄯善，西边与西域悦般国相邻，东边与北魏接壤。高车国后来被柔然所灭，之后，部族役使于突厥。

（四）隋唐时期的疆域与周边各民族

1. 隋唐时期的疆域

隋朝结束了魏晋南北朝三百多年的分裂局面，实现了统一。隋炀帝为开拓疆土曾东征西战，在东北，三次征伐高丽，均以失败告终。在西方，隋炀帝于大业五年（609 年）亲征吐谷浑，大败吐谷浑，占领了青海及新疆部分地区，设置西海（今青海湖西）、河源（今青海兴海）、鄯善（今新疆若羌）、且末（今新疆且末）四郡，还在今哈密设置了伊吾郡。这是中央王朝第一次在西部边疆大规模地设置郡县。在北方与东突厥以沙碛为界，在河套地区，设置了五原、榆林等郡。西南疆界达贵州安顺一带。南方抵达今越南南圻一带，在海南岛设置了朱崖、儋耳、临振三郡。

唐朝时期，在东北，唐高宗总章二年（669）年设置安东都护府，治所在今朝鲜平壤，所辖范围起初到辽河，后内迁至辽东，又进一步退到辽西。东面与北面抵海，包括乌苏里江以东和黑龙江下游地区。南到朝鲜半岛北部，还曾包括朝鲜半岛西南部的百济故地。

在南部，唐高宗调露元年（679）年设置安南都护府，治所在宋平（今越南河内），拥有今中国云南东南、广西西南和越南北部，南至今越南河静省南部和广平省北部交界的横山一带。在西南，置南宁州都督府，西界推至澜沧江、元江一线。

在北方，唐太宗、高宗时曾设置多个都督府、都护府。设置瀚海都护府，后改名安北都护府，管辖大漠南北。设置云中都护府，后改名单于都护府，管辖今内蒙古阴山、河套一带。

在西北，贞观十四年（640年）设置安西都护府，治所在交河（今新疆吐鲁番），统辖安西四镇：龟兹（今新疆库车）、疏勒（今新疆喀什）、于阗（今新疆和田）、碎叶（今吉尔吉斯斯坦北部托克马克），管辖今新疆及中亚楚河流域；后移治所于龟兹，辖境扩大到西至咸海的广大地域。武则天长安二年（702 年）设北庭都护府，统辖天山北路，东起今巴里坤湖、阿尔泰山，西至咸海。

龟兹故城、交河故城、北庭故城……这一座座曾经的西北边防重镇遗留的残垣断壁，仿佛还在诉说着那曾经的烽火狼烟岁月，遥想当年，有多少将士曾经在这里守卫疆土？边塞诗人岑参就曾是将士中的一员，天宝八载（749 年），岑参充任安西四镇节度使幕府掌书记；天宝十三载（754 年），岑参充任伊西北庭节度判官。在吐鲁番阿斯塔那出土的《唐天宝十三——十四载交河郡长行坊支贮马料文卷》中，发现有岑判官所用马料的记载："郡坊帖马陆匹，迎岑判官，八月廿四日食麦肆斗伍胜，付马子张什仵。""岑判官马柒匹，共食青麦叁斗五胜，付健儿陈金。"第一条记载了郡坊以六匹马迎接岑判官，第二条记录了岑判官所配备马的数量，两条还都记录了马匹所消耗的马料数量、负责办理马料钱交付的驿卒姓名。据学者研究，这位岑判官即是岑参。

岑参写下了大量的纪实性边塞诗，我们从岑参的诗中，可以领略西域边塞环境的艰苦和战斗的激烈："胡天八月即飞雪"，"平沙莽莽黄入天。轮台九月风夜吼，一川碎石大如斗，随风满地石乱走"。也可以领略将士们不畏艰险，勇往直前的英雄气概："将军金甲夜不脱，半夜军行戈相拨，风头如刀面如割。马毛带雪汗气蒸，五花连钱旋作冰，幕中草檄砚水凝。"还可以领略将士们的铁血豪情，浪漫激情："忽如一夜春风来，千树万树梨花开。"正是这些将士们维护着大唐统一多民族国家的安全，使中原与西域各族能够畅通无阻地进行政治经济和文化的交流。

唐朝疆域极盛时，曾经北至贝加尔湖以北，南达越南中部，东至库页岛，西临咸海。

2. 隋唐时期周边各民族

突厥，5 世纪中叶，在阿尔泰山南麓游牧。6 世纪中期，摆脱柔然，建立了汗国。582 年，突厥汗国分裂为东、西两部分。

东突厥在阿尔泰山以东活动，内部数位可汗相互争雄，分崩离析，加之遭遇天灾，受西突厥排挤，于是向隋称臣，并迁居漠南。唐朝初期，东突厥经常侵扰唐边境。后来加重搜刮所属各部，部众叛离。630 年，为唐军所灭。唐朝把东突厥所在地划为六个州，设置云中、定襄两个都督府统辖。682 年，骨咄禄重建东突厥汗庭，史称后突厥汗国或第二突厥汗国。至 745 年，被回纥所灭。部众大部分融入了回纥国，一部分归附唐朝，一部分向西迁入中亚。

西突厥，在西域一带游牧，657 年被唐消灭。唐朝在其地设置昆陵、濛池两都护府，管理十姓部落。

据《隋书·突厥传》记载，突厥人有在墓地立石的葬俗，墓地所立石刻画的是墓主人自己的形象，或者是墓主所俘获之人的形象。现在有些突厥石人依旧矗立在新疆、内蒙古的草原上，守望着他们曾经生活战斗过的土地。

突厥石人

靺鞨，武则天圣历元年（698 年）其首领渤海大祚荣建振国，也作震国；唐玄宗先天二年（713 年）被唐朝册封为渤海郡王，改称渤海。都城在显州（今吉林敦化），疆域西部达今我国吉林农安、梨树，辽宁昌图、宽甸；东部临海；北边到我国今黑龙江鹤岗、同江、抚远及以东；南部到辽宁丹东，东北至朝鲜龙兴江一线。

吐谷浑，原活动区域在今辽宁一带，在西晋末年向西迁徙到今甘肃临夏，东晋十六国时期控制了青海、甘肃等地。后来建立政权，以族名为国名。663年，被吐蕃灭国。唐朝加封吐谷浑王为青海王，以牵制吐蕃，后来唐朝被吐蕃打败，帮助吐谷浑复国的计划化为泡影。于是吐谷浑部众受制于唐朝和吐蕃两个政权，散居于青海、甘肃、宁夏、陕西等地。

回纥，早期在色楞格河和鄂尔浑河流域游牧。曾依附于突厥和薛延陀。8世纪中叶，与唐军联合夹击，瓦解了后突厥，占据突厥故地，建立回鹘汗国。曾一度取得了天山以北地区，甚至进入中亚费尔干纳盆地。9世纪中叶，回鹘内乱，为黠戛斯所灭。回鹘人少部分南下，其余西迁，一支活动区域在天山东段，今新疆乌鲁木齐至哈密一带，称高昌回鹘，又称西州回鹘，后来曾为西辽属国。一支活动区域在河西走廊中段，以甘州（今甘肃张掖）为中心，称河西回鹘，11世纪前期被西夏所灭。一支活动区域在葱岭以西的楚河流域，称葱岭西回鹘。

吐蕃的政治中心在逻些（今西藏拉萨）。强盛时，向北占领了河西走廊、新疆东部、湟水流域，东至陇山、云南西北和四川盆地的西部山区，南边包括尼泊尔，西及中亚。

南诏的都城在太和城（今云南大理），统治区域包括今我国云南全省、四川大渡河以南、贵州西部以及缅甸老挝北部。唐与南诏之间冲突不断，在唐玄宗天宝九载（750年）、天宝十载（751 年）、天宝十三载（754 年）发生三次战争，唐军接连失败，甚至全军覆没，损兵折将近 20 万。这几次战争被称为“天宝战争”。之后，南诏收拾唐朝阵亡将士遗骨祭而葬之，修筑了“大唐天宝阵亡战士冢”，766 年立下《南诏德化碑》。

（五）五代辽宋夏金时期的疆域与周边各民族

这一时期，多个政权并存。有汉族建立的后梁、后周、十国、北宋、南宋，有少数民族建立的后唐、后晋、后汉、辽、夏、金、大理、喀喇汗国。

五代十国时期疆域内缩，北部失去了幽云十六州，南部交趾脱离南汉独立，统治范围大体而言，东边不及辽东，西边不到陇西，北边在长城以内，南边不达越南。

南诏德化碑

北宋的疆域东南临海；西到陇东；西南至巴僰，以大渡河与大理为界；北到瓦桥关、雁门关；西北大致稳定在今甘肃兰州、靖远，宁夏同心及陕西北部的白干山一线，不及汉、唐强盛时期的版图。

南宋的疆域更加促狭，与金对峙，以淮河、秦岭、大散关一线为界，西以岷山、邛崃山为界。

辽的建立者契丹，发源地在潢河（今西拉木伦河和西辽河）流域，五代初期崛起。916 年，耶律阿保机称帝建国，征服周边的奚、女真、乌古、室韦、吐谷浑、党项、沙陀等部。926 年，灭渤海国。936 年，从后晋石敬瑭手中获取战略要地燕云十六州，成为中国北方一个疆土辽阔的大帝国。其疆域西起金山（今阿尔泰山）；北至胪朐河（今克鲁伦河），到达了今蒙古国和俄罗斯边界以北；东部沿着外兴安岭至海，抵库页岛（今萨哈林岛）；南至白沟（今河北雄县境内）。

西夏的建立者党项羌，活动区域原在今四川西北部和青海省东南部，6 世纪有所扩展。党项族拓跋部势力最强，曾归附于隋。唐太宗时，党项诸部相继归唐，唐册封其首领拓跋赤辞为西戎州都督，赐姓李。9 世纪末，拓跋思恭因协助唐军镇压黄巢起义有功，被封为夏州定难军节度使、夏国公，统辖银（今陕西榆林南）、夏（今陕西横山西北）、绥（今陕西绥德）、宥（今陕西靖边东）、静（今陕西米脂西北）数州。西夏势力所及，东据黄河，西至玉门关，南临萧关，北控大漠，拥有今内蒙古河套以南、宁夏南部、陕北一小部分和甘肃河西走廊地区。

大理国是937年白族首领段思平建立的政权，大体上与南诏控制地域范围一致，包括今我国云南、四川、贵州的部分地区，西南边界至今缅甸与老挝的北部、越南西北角和泰国西北的少部分地区。

喀喇汗国的疆域大致东边到今新疆阿克苏、拜城间，与西州回鹘以荒山、沙漠为界，东北与西州回鹘隔着准噶尔盆地，北边达巴尔喀什湖，西抵锡尔河、阿姆河下游，西南至阿姆河，南及葱岭。

女真族兴起于出虎水，即今天的松花江支流阿什河流域，1115年建立金政权，1125年灭辽，1127年灭北宋。南部与南宋以淮水、秦岭分界；北部边界远至俄罗斯远东地区的勒拿河上游一线，北边东段抵达外兴安岭，西段拥有蒙古高原诸部，有五千千米的“界壕”与蒙古相隔；东部至日本海。

（六）元明清时期的疆域与周边各民族

元朝是蒙古族建立的统一政权，唐代时，蒙古族在今额尔古纳河流域游牧，有了初步的畜牧业。据《辽史》记载，那时的蒙古常常处于各部混战之中。

这是中国历史上疆域扩展的一个重要时期。1206年，成吉思汗统一蒙古高原，建立大蒙古国。1218 年灭西辽，1227 年灭西夏，1234 年灭金，1239、1244 年两次进攻吐蕃，1254 年灭大理，1279 年灭南宋，建立起了疆域空前辽阔的大帝国。其疆域北至西伯利亚，达俄罗斯北部；东到太平洋；南越南海，抵达爪哇；西及中亚阿拉伯半岛。包括今中国大陆全境，朝鲜半岛，缅甸北部，老挝、越南一部分，不丹，中亚诸国大部，控制库页岛。设置岭北行省、辽阳行省、征东元帅府、云南行省等进行管辖。

西藏在元朝时正式纳入中央王朝的直属版图，成为由中央政权管辖的一个地方行政区。阔端与萨班在和平解决西藏问题中做出了巨大贡献，共同书写了中华民族团结史上光辉的篇章。

阔端，蒙古汗国太宗窝阔台汗之子，被封为西凉王，驻地在凉州（今甘肃武威）。

萨迦·班智达，本名萨迦·班祇达·贡噶坚赞贝桑布，因学问渊博，被尊为“班智达”，意为大学者，简称萨班，是藏传佛教萨迦派第四代祖师。1244 年，为了使雪域西藏免遭战争灾难，也为了弘扬佛法，63 岁的萨班不顾自己年迈体弱，山高路险，决心亲赴凉州与阔端会晤。经过两年艰苦跋涉，1246 年才到达凉州。因阔端正在参加贵由汗的即位典礼而没有立即会面。

1247 年，阔端和萨班在凉州会面，商定了西藏归顺的条件，会谈后萨班发表《萨迦班智达致蕃人书》，号召西藏僧俗归附蒙古国。西藏地方政教势力经过商谈，接受了条件，西藏结束了长期的分裂局面。元朝设置了宣政院，为管辖西藏事务的最高行政机构，其下又设置了朵思麻宣慰司、朵甘思宣慰司、乌思藏宣慰司等直属机构。至此，西藏正式纳入了中国版图，藏民族也正式成为中华民族大家庭中的成员。

通过和平会谈的方式解决西藏问题，使西藏地区避免了发生更多的战争，民众免受流离失所之苦，保障了西藏社会的稳定，民族间的友好，有利于经济文化的交流与发展。凉州会谈的深远影响，正如《武威通志》所言：在中华民族的统一、融合、发展史上，有着重要的意义。[①]

1251 年，萨班圆寂，阔端为他举行了盛大庄严的悼祭仪式，并修建了一座藏式喇嘛灵骨塔，即白塔，塔高四十多米，巍然耸立。这就是武威白塔寺，是西藏纳入中国版图的历史见证，也是中华民族融合进程的历史见证。

明朝时的疆域，在西部收缩，由明太祖朱元璋时的哈密，退至嘉峪关；东到大海，包括台湾及其附属岛屿等；南面包括南海诸岛；西南包括我国西藏、云南，曾一度至缅甸中部、老

① 参见武威通志编委会编纂《武威通志·人物卷》，甘肃人民出版社，2007，第31页。

挝中部和泰国北部。万历后期，西界内缩至迈立开江、萨尔温江一线。

武威白塔寺

北部疆域亦收缩，从沿阴山、大青山南麓、西拉木伦河一线，向南移到山西、河北北部长城一线；东北至鄂霍次克海和外兴安岭以北及鄂嫩河一带。

为加强对东北的控制，明成祖永乐七年（1409 年），设置了奴儿干都司，治所在特林。管辖范围东北到库页岛，西及斡难河（今鄂嫩河），南至日本海，北抵外兴安岭。而且还时常派遣官员到奴儿干地区巡察，从明成祖永乐七年（1409 年）至明宣宗宣德七年（1432 年），太监亦失哈等人就多次巡视该地区。永乐十年（1412 年），亦失哈与康旺等人巡视奴儿干各地以及苦夷诸部落。苦夷，也称苦兀，是明代对生活在库页岛上的土著居民的称呼。康旺在特林附近建立了永宁寺。永乐十一年（1413 年）刻石立碑《敕修永宁寺记》。明宣宗宣德八年（1433 年）又立《重建永宁寺记》碑石。二碑合称《永宁寺碑》。碑文的书写文字为汉、蒙古、藏、女真四体，碑文内容记述了奴儿干都司的设置经过，还有亦失哈等官员多次宣谕镇抚的情况。这充分说明了奴儿干地区在明朝的有效管辖之下，而且也说明此地各民族间的相互交流和促进。

明代，蒙古族主要分为鞑靼、兀良哈、瓦剌三部。

鞑靼部，活动区域在胪朐河（今克鲁伦河）、斡难河（今鄂嫩河）和贝加尔湖以南。

兀良哈部，居于西辽河、老哈河一带。明太祖洪武二十二年（1389 年），明廷设置了朵颜、泰宁、福余三卫管辖。该部因协助朱棣发动靖难之役有功，在永乐年间受到重视，大小首领得以升迁。朝廷每年还发给他们工具、耕牛、种子，使其发

敕修永宁寺记碑

重建永宁寺记碑

展农业生产。

瓦剌部，活动区域在科布多河、额尔齐斯河流域，以及新疆北部的准噶尔盆地。明成祖朱棣曾多次亲征鞑靼部，史称“五出三犁”，使高原震骇。

瓦剌也先时，不断向外扩张，多次侵扰明朝大同、蓟州等地边镇。明英宗正统十四年（1449 年），明英宗率军 50 万亲征瓦剌，才至大同，就获悉大同守将战败，又恰逢连日风雨，军心不稳，于是急忙向后撤退，在土木堡被也先追上，明军乱作一团，自相践踏，大败，英宗被俘。这就是“土木堡之变”。然后，也先挟持英宗攻城掠地，向京师北京进发，明朝举朝震动。在此危急时刻，“粉骨碎身浑不怕”的兵部侍郎于谦挺身而出，积极布防，英勇抵抗，保卫了京师，也先进攻受挫。此后，瓦剌内讧分裂，逐渐衰弱。

满族，明朝时期分为三部：野人女真，也称东海女真，分布在黑龙江和乌苏里江流域；海西女真，分布在今辽宁开原以东、松花江中游一带；建州女真，分布在绥芬河、牡丹江、长白山北部一带。明朝曾设建州卫、建州左卫、建州右卫。努尔哈赤在 1619 年大体上统一了女真各部，势力从东海至辽边，北边起自今蒙古国、嫩江，南到鸭绿江。

清朝，满族建立的统一多民族中央集权的政权。清朝的疆域西跨葱岭以西、巴尔喀什湖北岸及其西南，东到库页岛，北至西伯利亚南部萨彦岭和外兴安岭，南边包括南沙群岛。几千年来各民族开拓所形成的中国疆域，完全归属在中央政府的直接统辖之下，“中国”和“中原王朝”两个概念自此合而为一，不再有边疆政权的存在，为当代中国的基本版图奠定了基础。

康熙、雍正、乾隆时期开拓疆土，是形成、巩固统一的多民族国家的重要时期。

康熙帝时期，平定了“三藩”叛乱，消除了割据势力，使云南、广东、福建得以安定；康熙二十二年（1683 年），清军攻入台湾；次年，清朝在台湾设置府、县等官，隶属于福建省，巩固了东南海防，有利于抵御殖民者的侵犯。打败沙俄侵略者，签订中俄第一个边界条约《尼布楚条约》，曾用满文、汉文、蒙文、俄文与拉丁文五种文字刻成界碑。

清朝初期，蒙古族分为三部：漠南蒙古，也称内扎萨克蒙古；漠北喀尔喀蒙古，也称外扎萨克蒙古；漠西厄鲁特蒙古，也称卫拉特，由明代时的瓦剌发展而来。漠南蒙古归附于清朝，漠北喀尔喀蒙古和漠西厄鲁特蒙古也与清朝维持着臣属关系。

漠西厄鲁特蒙古有准噶尔部、和硕特部、杜尔伯特部和土尔扈特部。清朝初期的民族不稳定因素主要来自漠西蒙古的准噶尔部。康熙五年（1666 年），准噶尔部首领噶尔丹自立为汗。随着他的势力增强，有了割据一方的野心，于是与沙俄勾结，发动了叛乱，康熙帝三次亲征，平定了其叛乱。雍正年间，平定青海和硕特部亲王罗卜藏丹津和策妄阿喇布坦相勾结发动的叛乱，又平定噶尔丹策零的叛乱。乾隆时期，平定了达瓦齐、阿睦尔撒纳的叛乱，这样准噶尔部的叛乱完全平息，清朝在新疆、青海与西藏的统治得以巩固。

二、“大一统”的观念与实践

在漫长的历史发展中，欧洲形成了多国并存的局面。而在东亚大陆广袤的大地上，也曾有过多个政权并存的局面，最后却形成了统一的中国，这是为什么呢?

这和长期存在于中国人头脑中的“大一统”观念密切相关。我国多民族国家疆域的形成与发展、中华民族的形成与发展，都与“大一统”思想的推行与实践分不开。

“大一统”观念的内涵包括：从地理观来看是统一天下，从政治观来看是政治一统，从思想观来看是思想一统，从民族观来看是华夷一统。

“大一统”观念萌芽于先秦时期的“天下观”，《诗经·小雅·北山》有言：“溥天之下，莫非王土；率土之滨，莫非王臣。”《公羊传·隐公元年》中提出了“大一统”：“何言乎王正月？大一统也。”据唐代徐彦疏解：大，是重视、尊重之义；一统，指天下诸侯都受周天子的统治。后世于是称封建王朝统治全国为大一统。正月是四季之始，万物也无不一一奉之以为始，故言之为大一统。这句话是说：为什么要说成周文王的正月呢？因为这是重视并强调周王朝天下大一统。不过，夏商周时期只是一种松散的统一。

秦汉时，“大一统”的理论得到提升并付诸实践，秦始皇统一六国，加强中央集权，开疆拓土，统一文化，实现了真正的大一统。汉武帝建元六年（前135年）第二次出兵调节百越之间矛盾时已经形成“大一统”思想，认为汉朝为天下的宗主，操纵着生死权柄，以其来控制四海，有危难的地方盼望得到安定，生变乱的地方希冀得到治理。又经董仲舒等人阐发，“大一统”思想理论形成体系。董仲舒说：“一元的意义，一就是万物的起始点，元就是大。说一为元，是把大看作起始点并且想要正其本源。根据《春秋》的探究，要从尊贵者开始。故为君主者，先要正心再正朝廷，正朝廷再正百官，正百官再正万民，正万民再正四方。四方皆正，就没有敢不统一正的了，而且没有邪气掺杂于其间。这样就风调雨顺，万物和谐，万民生机勃勃，五谷丰收，草木繁茂，天地之间被润泽而呈现出大丰美的景象，四海之内听闻君主的盛德而皆归附，这就实现了王道。”实现了“大一统”。

汉武帝出兵南越、北灭朝鲜、派张骞出使西域，开疆拓土，为构建“大一统”王朝做出了巨大努力。

此后，历代有志向的统治者都以实现“大一统”为最高目标。正是在此激励之下，汉族统治的西晋、隋、唐、明实现了统一，少数民族统治者也奋力实践“大一统”。

前秦的统治者氐族符坚“临食辍脯”，不顾大臣劝阻发动对东晋的战争，是因为什么呢？这是因为他殚思竭虑地试图实现南北统一，他说：“我继承帝业已有二十年，东征西讨，削平寇贼，四方大略已经安定，只有东南一隅尚未归顺朝廷。我每当想到天下还没有统一，常常寝食不宁，因此现在打算调动天下的兵马前去征讨。”又说：“不是因为疆域不够广阔，人口不够充足，只是想实现统一，以期帮助黎民苍生，作为君主，就是要为民去除烦忧，平定乱局，怎么能惧怕劳苦呢！”

匈奴人赫连勃勃建立了夏国，他在修建都城时宣称：“我刚刚统一天下，君临万邦，可以用‘统万’为名。”于是都城就名“统万城”。这时，夏国刚兴建不久，赫连勃勃就立志统一天下了。

鲜卑族北魏太武帝拓跋珪也有统一大志。拓跋珪，六岁时，其父昭成皇帝逝世，前秦的统治者苻坚派军队入侵，并曾试图把拓跋珪带到前秦的都城长安，后来拓跋珪幸运地逃过此劫。后来，他于登国元年（386 年）春正月，登上代王位。夏四月，改称为魏王。天兴元年（398 年）六月下定国号诏：“从前我的远祖，统御幽都，控制远方之国，虽然登上王位，但未平定九州。到了我本人，处在百代之季，天下分崩离析，没有主宰。民俗虽然不同，安抚在于德行，所以我要亲率六军，扫平中原，铲除凶恶叛逆者，使远近归服。应该沿用先前名号，称为魏。遍告天下，使天下之人都知道我的心意。”又说：“《春秋》的大义，推崇大一统的美好，吴国与楚国僭越称号，很长时间才被诛灭，君子鄙视他们非法窃取的名号，把其比作尘垢。没有历代相继的圣明大德，天人会合，帝王的业绩，哪会凭空而生呢？”拓跋珪称各族为“诸华”，都是华夏后裔，把实现大一统作为一个帝王应该完成的功业。

中国历史上第一个统一全中国的非汉族王朝是蒙古族建立的元朝。元世祖至元二年（1265 年），忽必烈在颁给日本的诏书中有“况且我的祖宗，接受天命，拥有华夏，远方异域畏威怀德的国家，不可悉数”。元武宗颁布的诏书中也有“祖宗依靠顺应天意获得的好时运，开创了辽阔的疆域，使华夏一统”。

满族建立的清朝维护巩固了统一。雍正皇帝说：“我朝顺应天命，成为中外臣民之主，应该安抚爱护养育，怎么能有华夷的区别。中外臣民，既然共同尊奉我朝为君，归诚效顺，尽臣民之道，尤其不得因华夷而有区别，这是从天道进行测度，从人理进行验证，从海隅之乡民，到普天率土之众，没有不知大一统之在我朝的。”

第二节　历代民族政策与民族交融

在中国统一多民族国家的形成与发展过程中，为了协调复杂的民族关系，形成了丰富多样的民族政策，有的民族政策以本民族为尊，对其他民族实行歧视、压迫与剥削，这样的民族政策会激化民族矛盾，甚至引发民族冲突与战争；有的民族政策尊重各民族的生活风俗与信仰，因俗而治，重用有识之士，拉拢民族上层，通婚联姻，这样的民族政策能调和民族隔阂，增强民族认同与团结，有利于维护社会的安定、国家的统一，有利于各民族的交流交往交融。民族政策的制定与政权和民族的势力强弱等因素有密切关系。

一、怀柔政策

怀柔政策即通过仁德感化、安抚，使其他民族归服，具体方式有给予贡赏、减免赋役、加封爵位、通商、教化、和亲，等等。

用怀柔政策消除民族隔阂，促进民族交融的历史非常久远。据《韩非子·五蠹》记载，舜在位时，有苗族不归服，禹要进行武力讨伐。舜说：“不可以这样做，我们在推行德政还不深厚时而动用武力，不符合道义。”于是施行德治教化，持续三年，兵器干戚不是用来作战而是成为舞具，有苗归服了。

商朝的开国君主汤非常讲求仁德，成语典故“网开三面”便源于汤的故事。《史记·殷本纪》记载，汤在一次外出时，在郊野看见猎人张开四面大网进行猎捕，并祈祷：“所有的禽兽都进入网中吧。”汤让猎人撤去三面的网，只保留一面网，并祈祷：“想从哪个方向逃，就从哪个方向逃吧，不想逃走的，就到我的网中来吧。”汤的仁德惠及禽兽，四方部族诸侯听闻此事，都赞颂汤，拥戴汤。

汤灭掉夏朝后，施行仁政，没有对夏朝的遗民斩尽杀绝，而是分封给他们土地，使夏民大悦，安定生活，支持商朝的统治。夏族与商族逐渐融合，加快了华夏族形成的步伐。

周族原为西方仅仅拥有方圆百里之地的小部族，周文王时，推行仁德，对西戎施行怀柔政策，不欺侮小部族、鳏寡，不依仗势力用暴力侵夺农夫的劳动成果，如黍稷狗彘，墨子说他的统治“若日若月，乍光于四方”，就如日月一样，光照四方。周文王因此得到各诸侯国的拥戴，使周发展壮大，拥有天下。

滇王金印

西汉的怀柔政策内容更加丰富，对于归降的匈奴贵族封侯拜爵，对于百越、西域、西南夷的部族首领与将吏则进行册封，授予夜郎、滇王印信。20世纪中期在云南滇池石寨山出土了“滇王之印”，质地为金，缀蛇形钮，蛇背有鳞纹，印身为方形，印文是篆书。这是古滇国为汉朝属国的历史见证。东汉继续推行授爵册封少数民族首领的政策，如白马羌豪楼登被封为归义君长，哀牢王贤栗被封为君长，先零羌豪多被封为侯，等等。

北朝统治者以正统王朝自居，曾对氐、羌、契胡、吐谷浑、柔然、敕勒等众多少数民族进行册封。东晋南朝时，一是册封相距遥远的高句丽、百济、吐谷浑等族，一是册封蛮族首领。而且南朝时的册封没有随着朝代的变换而被废除。

隋朝采取册封、尊重少数民族风俗习惯等怀柔政策。到了唐朝，唐高祖武德二年（619年）即下诏表示要继承“怀柔远人”之策，唐太宗认为应吸取隋朝灭亡的教训，“四夷归伏，无为而治”是处理好民族关系的上策。唐朝具体采取了慰问、招抚、册封、优待的方式，唐高祖派遣能力强的官员管理四川、云南一带，每年到该地慰问，在今云南洱海设置八州十七县，任命当地的豪帅，也就是首领担任牧宰。据学者研究，唐代册封少数民族达百余次。对于内附的、归降的、到唐朝的各族首领及其子弟都优待有加。唐代的怀柔政策确立了唐朝与周边少数民族的君臣关系，赢得了少数民族的拥戴，唐太宗就曾被称为“天可汗”。

白居易《七德舞》云："含血吮创抚战士，思摩奋呼乞效死。则知不独善战善乘时，以心感人人心归。"思摩，即李思摩，原名阿史那思摩，东突厥首领，被唐朝册封为怀化郡王、右武卫大将军，后来又被册封为乙弥泥孰俟利苾可汗等。在征讨辽东的作战中，李思摩中箭，唐太宗亲自为其吮吸出污血，以防止创口感染。他的墓志也记载了此事："为流矢所伤，主上亲观传药，恩越等夷。"唐太宗对待少数民族将领推心置腹，使他们愿意奋死效力。

元朝也"以其俗而柔其人"，为加强中央的管辖，在吐蕃实行政教合一的体制；为笼络汉族士大夫，重文尊儒。明朝授予青藏地区高僧封号：法王、国师、王；也曾封蒙古瓦剌、鞑靼首领为王，对南方少数民族进行安抚，恩威兼施。

至清朝，统治者仍然沿用怀柔政策来处理民族关系，采取了停止圈地、拉拢汉官、开科取士、尊崇儒学等举措。清朝初期，许多汉族士大夫不肯服从清朝的统治，有的宁愿隐居山林，也不与统治者合作，有的通过著书立说寄托对故国的怀念。康熙帝深知，得不到这些德高望重的士大夫的支持，就难以得民心，而且这不是依靠高压政策与武力可以取得的，于是康熙帝采取了怀柔之策。

康熙帝力图通过尊重汉民族的传统文化和风俗习惯，来减轻或消除汉族士大夫对少数民族统治的心理反感。康熙帝尊孔重儒，亲临孔庙拜谒孔子，行三跪九叩大礼，特赐“万世师表”匾额，并重修孔庙。他还亲自为孔子、孟子等儒家圣人撰写碑文与赞文。

康熙十七年（1678年），康熙帝发布谕旨，令官员荐举人才，意在访求那些不肯折服的明朝遗老。被荐举的一百五十多人参加了康熙帝主持的考试，考题是要求写歌颂功德的赋与诗各一篇，有人故意写得诗句不通，或不按要求写，严绳孙就是如此。

严绳孙，无锡布衣，在明亡之后，一直过着隐居生活。他不想被举荐，说自己从小“不享无妄之福”，不愿为清朝做事，但未能推脱掉，于是参加考试时就托词眼睛不好，只写了一首《省耕诗》，应付了事，结果未能如愿，还是被录取了。无奈之下，他只得走马上任，赴任时，骑驴进入史局，仍是决心不合作。

两年后，严绳孙升为日讲起居注官，经常见到康熙帝，他的态度发生了根本性转变，他因此感恩奋进，不再以原来所认为的“高尚狷洁之怀，上负知遇”，做事尽职尽责，兢兢业业。后来严绳孙曾任山西主考官，他极为认真地做好考选工作，为朝廷选拔人才。康熙二十三年（1684年），当严绳孙退休时，还填词一首以表达感激之情，有“九死从今总负恩”之句。

这样，除了顾炎武、黄宗羲等人依旧坚持反清立场外，绝大多数士子考虑的都是取得更好的发展机会，转而支持清朝统治了。还有少数名师硕儒虽不应征，但在康熙帝怀柔政策的感化之下，反清之志日益消融。

李颙，陕西人，明末清初著名大儒，在南北方皆颇负盛名，影响极大。对于清军入关后采取的民族歧视和民族压迫政策，他极为愤慨，发誓不出仕。康熙十二年（1673 年），陕西总督鄂善举荐他入朝，他八次上书，称有疾，极力推辞，朝廷准许他病愈之后再入京。第二年，又征召他，官吏多次去验看，甚至诱逼，他仍然如往常一样不为所动。康熙十七年（1678 年），他被举荐应制科，官员亲自到他家中督促，他绝食六天，甚至拔刀自刺，官员非常震骇，给予假期治病。此后，他反锁柴门，栖身于陋室，足不出户，连家人也很少见面，李颙因而被称为“铁汉”。

康熙四十二年（1703 年），康熙帝到山西、陕西巡幸，再次传旨召见闻名已久的李颙。李颙已年过古稀，便以气力衰退、行动不便为托词拒绝了。康熙帝并未怪罪他，反而进行褒奖，特赐御书匾额“操志高洁”。得到帝王的褒奖，在那时是旷世殊荣。对于朝廷的一再容忍与施恩，李颙的义愤之情已渐渐消弭于无形了，态度有所转变，他让儿子代他去向皇帝谢恩，并进献《四书反身录》及《二曲集》。

康熙帝的怀柔政策有利于消除民族仇恨与隔阂，取得汉民族对清朝的支持，这些名儒在清朝出仕也加速了满汉文化的交融。

汉族与少数民族政权的统治者都曾采用怀柔政策来处理民族关系，力图用和平的方式消除民族矛盾，虽然是出于统治阶级巩固统治的需要，但这种方式能减轻社会的动荡，为经济、文化的发展与交流提供良好的社会氛围。

二、羁縻政策

《史记·司马相如列传》有云："盖闻天子之于夷狄也，其义羁縻勿绝而已。"这是目前所知"羁縻"一词最早的出处。唐代史学家司马贞在《史记索隐》中解释说：羁，是约束马的络头。縻，是系牛的缰绳。

羁縻政策是在维护国家统一的前提下，保持和基本保持少数民族原有的社会组织形式和统治机构。承认其酋长、首领在本民族和本地区的政治地位和统治权力，使其世领其地，世长其民，并册封一定的官职，只要表示臣服就行，朝廷不过问其内部事务，由少数民族酋长、首领自己管理本民族内部的事物。其对中央政府一般只有朝贡的义务，而无赋税的义务。[①]

① 参见罗彩娟、徐杰舜、罗树杰《中国西南边疆治理模式研究》，黑龙江人民出版社，2014，第120页。

学界对于羁縻政策的产生时间有不同的看法，大致说来，萌芽于黄帝时期的“修德振兵”，即通过修德，获得民心，安抚四方；通过整饬军队，讨伐暴乱。夏、商、周时期的要服、荒服制度是其思想的雏形，这在《国语·周语上》有记载。那时，以国都为中心划分政治区划，五百里为一区，由近及远依次是甸服、侯服、宾服、要服、荒服五服。要服、荒服是蛮夷、戎狄地区，也就是少数民族地区，对要服用政令与法律进行约束，对荒服因俗而治。周朝周边的少数民族要尊重周天子的最高宗主权，在规定的时间内，要服纳贡，荒服朝觐周天子，其首领拥有本民族内部事务的处理权。

羁縻政策在不同朝代具体表现形式不同，秦朝时设置道，两汉推行道与属国，南朝时设置左郡、左县，唐宋施行羁縻府州，元明清施行土司制度。

唐太宗贞观四年（630年），唐朝打败东突厥，俘获其大首领颉利可汗，使东突厥汗国土崩瓦解。如何安置降附唐朝的十余万突厥部众呢？贞观君臣为此展开了一场大讨论。

多数朝臣认为：北狄自古就是中原王朝的祸患，现在幸而破亡了，应该把突厥部众全部迁徙到河南道兖州、豫州内地，把各部落分散于各地，改变他们的生产生活方式，教给他们耕田纺织，把他们变为农民，使塞北成为空旷无人之地。

中书侍郎颜师古主张将突厥降众安置于河北地区，分别设立酋长，统率其部落，这样可以永无祸患。

礼部侍郎李百药认为突厥虽然号称为一国，但各部族有分别，各自有其酋帅。现今应乘其离散之机，分别设立本部族的首领，使其互不臣属。……其国家的分割使其力量削弱而容易控制，各部族势均力敌，难以相互吞并，各股力量为了自我保全，必然无力与大唐相抗衡。仍然在定襄设置都护府，作为节度其地的机构，此为安定边防的长久之计。

夏州都督窦静认为把突厥降众安置于中原一带，对于大唐只有损害而无益处，一旦发生突然变故，会威胁大唐政权。不若趁其破亡之机，向他们施加意料之外的恩惠，册封他们为王、为侯，嫁宗室女予他们，分割他们的土地，离析他们的部落，使其权势分化减弱，易于钳制，可以让他们永为藩臣，永保边塞安定。

秘书监魏徵认为应当让突厥部众回归故土，不可留在大唐境内。否则，等突厥人口繁衍到几倍多的时候，必成为心腹大患，将后悔莫及。

中书令温彦博认为将突厥人迁徙到兖、豫之间，违背了他们的本性，不是存养他们的办法，也不是招抚少数民族的好办法。应该依照汉光武帝时安置投降的匈奴人于塞外的办法，保全其部落，顺应其风俗，用以充实人口空旷之地，使其成为保护中原的屏障，也显示对他们没有猜疑之心，这是较为完善的策略。君王对于天地万物，都应毫无遗漏地广布恩泽，现在突厥穷途末路，前来归附于大唐，为什么抛弃而不予以接受呢！应遵循孔子“有教无类”之语，如果拯救他们于将亡之际，教授他们生存之道、仁义礼教，数年之后，全都变成大唐子民。选拔他们的部落首领入朝充任宿卫，使他们敬畏皇威，感念恩德，又有什么后患呢！

唐太宗采用了温彦博之策安置突厥降众，设置羁縻府州：东自幽州，西到灵州，分割突厥首领突利原来所统治的地区，设置顺、祐、化、长四州都督府；又分割突厥首领颉利可汗原来所统治的地区为六州，左边设置定襄都督府，右边设置云中都督府，以统辖突厥部众。

在任命突利为顺州都督时，唐太宗告诫他说：“你的祖父启民可汗毅然脱身逃奔至隋，隋立他为大可汗，拥有北部广大地区，到了你的父亲始毕可汗时反而成为隋的祸患。天道不容，所以才有你今天惨败灭亡的下场。我之所以不立你为可汗，就是以前面启民可汗的事为警戒，吸取教训。现在任命你为都督，你应当很好地遵守大唐法令，不要恣意侵犯掳掠。这不仅是想使大唐长治久安，也是为了永远保全你们宗族！”

据《新唐书·地理志》记载，从唐初至唐玄宗开元十四年（726年）设置黑水都督府的一百多年间，唐朝共设置了羁縻府州八百五十六个。这些羁縻府州遍布边疆少数民族地区，突厥、回纥、党项、吐谷浑隶属于关内道者，有府二十九，州九十。突厥的别部及奚、契丹、靺鞨、降胡、高丽隶属于河北者，有府十四，州四十六。突厥、回纥、党项、吐谷浑之别部及龟兹、于阗、焉耆、疏勒、河西内属诸胡、西域十六国，隶属于陇右者，有府五十一、州一百九十八。羌、蛮隶属于剑南者，有州二百六十一。蛮隶属于江南者，有州五十一；隶属于岭南者，有州九十三。又有党项州二十四，不知其隶属。

唐代的羁縻政策使各族百姓生活安定，各民族都归心唐朝，这是唐朝盛世的表现之一。《旧唐书·回纥传》评论唐朝对回纥的政策说："自从太宗平定突厥，攻破薛延陀，而后回纥兴起。太宗亲临灵武收降了他们，设置州府来安置他们，册封他们爵位，赏赐他们玉帛，施恩于他们。这有何意义呢？盖因狄不可灭尽，故以威力与恩惠来约束笼络他们，也就是实行羁縻。开元年间，君臣、父子、夫妇三纲分明，百姓富足，四夷八蛮，都归附朝廷，少数民族地区，敬畏威力，感怀恩惠，多么强盛啊！"

唐朝完成了羁縻政策的制度化，统一了名称、行政级别。宋朝进一步发展完善了羁縻府州制度，规定了首领的权利与义务，制定了首领世袭传承的严谨法律。元代在前代羁縻府州制度的基础上，结合西南民族地区的实际情况，创制了土官制度，也称土司制度。

明朝继承并进一步完善了土司制度，土司有文武分职，确立了职衔；土司的传承世袭比较严格，为了显示朝廷威严，必须到京城接受任命。而且要学习三个月礼仪，才能真正就职管理。犯重罪者会被取消世袭资格，依照本民族习惯惩治，用金、马、牛、粟等赎罪。明朝廷还派遣流官监督土官，甚至利用土司之间的斗争、土司内部斗争、土司无继承人等各种时机改土归流，也就是中央直接派遣流官代替土官，对其地区进行直接控制，但明代的改土归流非常有限。

清代，随着社会经济的发展，西南地区的封建领主制成为生产发展的障碍，为加强统治，从清世宗雍正四年至九年（1726—1731 年）对西南的土司制度进行了雷厉风行的改土归流，加强了中央在这一地区的控制，确立了封建地主经济，有利于各民族间经济文化的交往与发展，使西南少数民族的历史向前迈进了一步。

播州杨氏土司的兴衰是土司制度发展的一个缩影。播州杨氏土司的兴起可以追溯到唐僖宗乾符三年（876 年），杨端率领八姓乡人，进入播州平蛮，获胜。唐僖宗颁布制敕，赠予杨端太师之位，封宣慰，让他们镇守边陲，世享爵土。杨氏成为播州统治的土官，开启了杨氏在此地的统治。北宋时，播州杨氏土官献地归附，北宋设置播州，杨氏为长官。经过三百年的经营，南宋时期，杨氏成为雄踞西南地区的大土官。

元代，元世祖至元十四年（1277 年），播州土酋杨邦宪献土归降元朝，被授予播州安抚使，隶属于湖广行省。后来曾升为宣慰司，又降为军民安抚司。至元二十八年（1291 年），恢复为宣慰司，被授予虎符，改为隶属于四川行省。播州杨氏土司统辖区域广袤，据出土的乾隆年间万世永赖碑记载，杨氏辖地“上齐乌江，下至重庆，左抵合江、泸州，右齐湖广柳杨石柱”。

明代，杨氏土司在明太祖洪武四年（1371 年）归降明朝，仍设置播州宣慰使司，隶属于四川行省。从元朝末年播州杨氏土司就消极对抗汉文化，内部纷争，兄弟父子相残，统治进入衰落阶段。杨应龙是播州杨氏最后一任土司，他统治后期，不满朝廷的政治歧视与经济盘剥，中央朝廷也不能容忍杨应龙占据西南战略要地，称霸一方，两者矛盾尖锐。杨应龙势力强大，野心膨胀，对百姓严苛，嗜杀成性，与朝廷对抗，兴兵叛乱，在明神宗万历二十八年（1600 年）被打败，终致覆灭。万历二十九年（1601 年），播州实行了改土归流，把播州地分割，设置遵义、平越两军民府，播州土官世袭统治结束。清世祖顺治十五年（1658 年）五月，清军占领今遵义，把其纳入清朝版图。播州杨氏土司的统治经历了唐、宋、元、明多朝，历时七百多年。播州杨氏土司大多和中央保持和谐的关系，对于播州经济、文化教育等方面的发展做出了贡献。播州杨氏土司墓葬已经发掘，出土了大量的墓志、神道碑等文物，记录了杨氏家族的历史，是土司制度的见证。

羁縻政策将实现羁縻的地区纳入中央王朝的行政管辖，成为中央王朝版图的组成部分。加强了中央王朝对边远少数民族地区的治理与开发，强化了边疆少数民族地区对中央王朝的臣属关系和边远少数民族的归附意识，协调了少数民族与周边民族的关系，促进了统一的多民族国家的巩固。有利于边远少数民族地区和中原腹地政治、经济、文化的发展，有利于各民族在安宁的环境中实现共同繁荣。

三、和亲政策

和亲，是中国古代两个并存的政权之间为了能达到对己方有利的目的而缔结的婚姻关系。多数是中原王朝的公主嫁于边疆少数民族的首领或子弟。和亲的双方通常要以婚姻加强联系，再以盟约誓言进行巩固，用经济的交流与往来使彼此的联系更加密切，甚至要以世子作为人质，或者以武力相震慑。

和亲政策起源于先秦，开启于西汉，一直沿用至清朝。

（一）昭君出塞

西汉初年，国弱兵疲，还没有革除秦朝遗留的弊端，诸侯起兵，社会动荡不安，百姓流离失所，无以为生，忍饥挨饿。

物价高涨，一石米五千钱，出现人吃人的现象，人口锐减过半。高祖于是下令允许百姓卖孩子，到蜀地去寻求生路。天下安定以后，百姓也没有什么积贮，连天子都找不到四匹一样颜色的马驾车，将相只能坐牛车。

匈奴当时的最高首领为冒顿单于，“控弦四十万骑”，兵强马壮，多次侵犯汉朝的北部边境，成为边患，是汉朝的重大威胁。

汉高祖七年（前200年），韩王信投降匈奴，并欲与匈奴一起出击汉军。高祖亲自率军征讨，出使匈奴的使者只看到了老弱及羸畜，而实际状况是匈奴把壮士与膘肥体壮的牛马隐蔽起来了。使者们由此判断可以出击。唯独娄敬认为这应是匈奴引诱汉朝出兵的计策，但他的意见没有引起高祖的重视，并被谴责口出妄言，影响军队士气，娄敬被关押了起来。因对匈奴实力估计不足，又恰逢天降雨雪，极其寒冷，冒顿单于佯装败退，诱使汉军追击，结果汉高祖及其所率军队在位于今山西大同的白登山被围困了七天。史称“白登之围”，或“平城之围”。

高祖决定采用陈平计策解围，据东汉桓谭《桓子新论》记载，陈平对匈奴单于之妻——阏氏说，为了解围，汉朝将送给单于一位绝世美女，如果单于得到美女就会日益疏远阏氏，不如趁美女还没有到来，使汉军脱身离开，并送给单于阏氏厚礼。于是阏氏向单于进言：“两国作战，一国的君主不应该使另一方的君主陷于困境。现在虽然占领了汉朝的地方，但单于您终究不能在这里长久居住。况且汉主有神灵护佑，单于您要仔细考虑。”于是单于打开包围圈一角，高祖才得以脱险。

汉高祖从平城撤退之后，向娄敬询问计策，娄敬认为匈奴难以用武力征服，也难以用仁义说服，他想到的长远之计是：“陛下如果能把嫡亲长公主嫁于单于为妻，并且带去丰厚的嫁妆，匈奴了解到是大汉皇帝之女，并且有丰厚的嫁妆，必然敬重倾慕于她，让她成为阏氏，所生儿子一定成为太子，以后继承单于之位。因为什么呢？为了贪恋汉的财物，陛下再每年多次送给他们我们富裕而他们稀有的物品，趁机派出能言善辩之士教化他们礼节。这样，单于冒顿就为汉朝的女婿；他死后，您的外孙继任为单于。哪里听闻有外孙与外祖父对抗的呢？于是不用战争就使匈奴在潜移默化中臣服了。如若陛下不愿意派遣长公主，而令宗室女或者后宫女子诈称公主，他们也会知晓而不肯看重亲近，就没有益处了。”娄敬所献计策就是和亲，把公主或宗室女子嫁给匈奴首领单于，以缓解双方矛盾。

汉高祖采纳了娄敬之计，起初欲遣长公主去和亲，因吕后不同意而选派了一位宗室女子完成了这次和亲。

其后，除汉武帝一朝多是和匈奴武力对抗外，汉王朝大多沿用了和亲政策，其间匈奴亦时有寇边，所以，汉王朝依旧要做好防守准备，武力阻止匈奴对汉王朝腹地的侵犯。

流传最广的汉朝和亲事件，即昭君出塞。其事主要记载在《汉书·元帝纪》《汉书·匈奴传》《后汉书·南匈奴传》之中。

昭君和亲发生在汉元帝竟宁元年（前33年），这时，汉匈经过长期征战，双方均损耗巨大，都有和好之意。

匈奴由于内讧而分裂，出现“五单于争立”事件，实力已经大减，势力较大的是郅支单于与呼韩邪单于。汉元帝建昭三年（前36年），西域都护骑都尉甘延寿与副校尉陈汤出动军队诛杀了北匈奴郅支单于，北匈奴对汉朝的威胁解除。

呼韩邪单于一面为消除了对手郅支单于而高兴，一面又为汉朝的威力所震慑。据《汉书》记载：呼韩邪单于不忘汉之恩德，向往思慕礼义，他重新修复到大汉的朝贺之礼，于汉元帝竟宁元年（前33年）亲自至汉拜见汉天子。自己陈言愿意做大汉的女婿，以便与汉更加亲近。汉元帝赐予呼韩邪单于待诏掖庭王嫱为阏氏，王嫱“丰容靓饰，光明汉宫”，呼韩邪单于非常欢喜。上书表示愿意保卫从今河北怀来到甘肃敦煌边塞的安宁，并且永远传续下去，使边境永远没有兵革战事，建议撤去边塞的守卫吏卒，使百姓休养生息。

王昭君，名嫱，字昭君，南郡秭归（今湖北秭归）人。秭归是一个山清水秀的地方，西接三峡，有香溪南流入江。汉元帝时，昭君以良家子被选入宫，在掖庭等待皇帝召见。当匈奴单于求亲时，自请嫁给呼韩邪单于，生子伊屠智牙师，为右日逐王。呼韩邪单于死后，按匈奴父死妻其继母之俗又嫁于复株累单于，生有两女，长女云为须卜居次，小女为当于居次。因为这次和亲，汉元帝改年号“竟宁”，希望边境永远安宁。王昭君被封为“宁胡阏氏”。

后世纪念王昭君的遗迹有很多，昭君墓位于今内蒙古呼和浩特市南约二十里处，被称为“青冢”，在其他地方草木枯黄之时，只有昭君墓碧草茂盛，故得名。在今包头市附近出土了单于和亲方砖，其上有文，曰：“单于和亲，千秋万岁，安乐未央。”王昭君的家乡改名昭君村，建有昭君庙，北宋苏辙《昭君村》写道：“一朝远逐呼韩去，遥忆江头捕鲤鱼。”

后世文人墨客也以王昭君的故事为题材创作了许多画作、诗文、戏曲等。

（二）文成公主入藏

和亲政策是唐代广泛运用的安边政策，在唐高宗武德二年（619 年）就确定了与少数民族“宜与和亲”的政策。唐王朝在处理与突厥、吐谷浑、吐蕃、奚、契丹、宁远国、回纥、南诏的关系时都采用过和亲政策，有学者统计，大致共计二十多次。

唐太宗贞观三年（629 年），松赞干布继承吐蕃赞普之位，

明　仇英　昭君出塞

用两三年时间统一了西藏。他非常希望与强盛的大唐交往，贞观八年（634 年），他派使者向唐朝献贡并请婚，唐太宗只是派一名官员前往吐蕃慰抚。贞观十二年（638 年），吐蕃武力侵扰唐边境，“公主不至，我且深入”，有威胁唐朝与其和亲之意，结果失败。松赞干布派使者至唐请罪，仍坚决求婚。虽然唐蕃战争吐蕃失败，但却使唐太宗看到了松赞干布的能力与吐蕃的实力，于是同意与吐蕃和亲，将十六岁的宗室女文成公主嫁于松赞干布。贞观十四年（640 年）冬，吐蕃派大相禄东赞率百人为求婚使者，“献黄金五千两”作为聘礼向唐正式求婚。贞观十五年（641 年）正月，文成公主在江夏王李道宗的护送下离开长安赴西藏成婚。

唐朝画家阎立本所绘《步辇图》，即描绘了唐太宗接见吐蕃请婚使臣禄东赞的场景。李世民威严地端坐于宫女抬着的步辇之上，有九位宫女为太宗撑伞、张扇。画面左边站立三人：红衣虬髯者为唐朝礼宾官员；其后身着细花藏服者为禄东赞，身材较瘦，眉头微皱，脸带敬畏之情，似乎有些紧张；最后穿白袍者可能是翻译官。这幅画是汉藏友谊的见证。

文成公主于唐太宗贞观十五年（641 年）入藏，唐高宗永隆元年（680 年）去世，在吐蕃生活了四十年。其间，双方交流频繁，岁时往复，信使相望于道，友好相处。文成公主从中原带到藏地的有汉族工匠、谷物种子、丝帛、珠宝、书籍、生活用品等，丰富了西藏的经济生活，提高了耕作与生产的技术，提升了藏民的文化水平。唐代诗人陈陶的《陇西行》描述了文成公主的影响：“黠虏生擒未有涯，黑山营阵识龙蛇。自从贵主和亲后，一半胡风似汉家。”

至今，文成公主的塑像仍然被供奉在布达拉宫与大昭寺之内，汉藏人民都铭记着这位为汉藏友好和藏族的社会发展做出了突出贡献的公主。

和亲有助于缓和民族间的矛盾，促进各民族间的友好相处、友好往来，对维护和平安定与团结，维护国家的统一有着积极意义。各族统治者之间化干戈为玉帛，也带动了各民族普通百姓的联姻，使民族间的联系更加紧密，有利于民族的融合。和亲也加强了经济、文化以及生活等方面的交流交

唐　阎立本　步辇图（局部）

融、文明的互鉴，和亲公主所携带的书籍、工艺、医药等加速了先进的文化与技术在少数民族地区传播，加速了边疆地区的开发与发展，为经济与文化的发展注入活力，加快了少数民族的文明进程。

四、汉化政策

在中华民族的历史发展中，各民族互相学习，都吸取了对本民族发展有益的成分。汉民族的经济、文化、制度多处于先进的地位，如匈奴、鲜卑、羯、氐羌等少数民族虽然可能用武力占领了中原地区，但是，他们大多处于相对落后的社会发展状态，总是会“被那所征服的民族的较高文明所征服”。因此，在中华民族的融合过程中少数民族学习汉族的技术、文化，采用汉族的制度的时候比较多。

（一）北魏孝文帝改革

北魏是鲜卑族拓跋部建立的政权。孝文帝（467—499年）为北魏第六代皇帝，名拓跋宏、元宏。五岁时即位，在位二十八年，其中，471至476年由其父太上皇拓跋弘执政，476至490年孝文帝与冯太后共同执政。庙号高祖，谥孝文皇帝。

据《魏书·高祖纪》记载，孝文帝至孝，五岁时接受父亲禅位，取代父亲的位置，“悲泣不能自胜”。他聪慧好学，雅好读书，常常手不释卷。儒家经典的义理，一浏览便能讲解。学习不需要老师传授，就能通过探求知晓其精深和玄奥，对于史传百家的典籍，无不博览。喜欢谈论《老子》《庄子》，尤其精通佛教教义。富有才华，文采斐然，善写文章，诗赋铭颂，尽兴而作。“有大文笔，马上口授，及其成也，不改一字。”太和十年（486年）以后的诏书册文，都为孝文帝亲自撰写而成。其他的文章，还有一百余篇。

孝文帝文武兼备，在十几岁时，即能用手指弹碎羊髆骨。精于射猎，百发百中，“射禽兽，莫不随所志毙之”。但到十五岁，便不再杀生了。

孝文帝在生活方面，生性节俭，常常穿着多次洗涤过的旧衣服，他的马鞍与马笼头只是用铁木制作而已。

孝文帝励精图治，躬亲总揽大政，日理万机，十多年间，几乎没有闲暇，“殊途同归，百虑一致”。

孝文帝即位之初面临着复杂的形势，皇权与贵族、汉族宗主之间的矛盾日益加深。在与冯太后共同执政期间就开始改革，孝文帝独掌政权后，改革更加深入，实施了许多改变鲜卑制度与习俗、推行汉族制度的措施。

随着北魏的发展，都城平城（今山西大同）的局限性越来越凸显出来：第一，平城自然条件恶劣，作物单一，不能满足粮食供应；第二，受柔然威胁较大；第三，鲜卑旧势力强大。于是为了解决以上问题，巩固在中原的统治，实现南北一统，摈弃鲜卑旧俗，加强与汉族力量的联合，孝文帝决定把都城迁到曾作为东汉、西晋都城的洛阳。

怎么才能顺利迁都呢？为了减小阻力，孝文帝采取的策略是宣称去讨伐南方，实则是进行南迁。太和十七年（493 年）八月，孝文帝亲率数十万大军，从平城出发南伐。当南伐大军至洛阳后，恰逢秋雨霏霏，让习惯干燥气候的鲜卑人非常不适应。但孝文帝不顾阴雨连绵，仍命令大军继续向雨水更加丰沛的南方行进，并身穿戎服执鞭前导。众臣极其不愿南进，纷纷叩首于马前，请求停止南伐，孝文帝趁机提出迁都于洛阳，就这样取得了鲜卑贵族对迁都的支持。太和十九年（495 年），孝文帝规定以洛阳为原籍，死后不得归葬代北。

孝文帝改革官制，实行南朝官制。禁穿鲜卑服装，改穿汉服。太子元恂即因私穿胡服，并策划潜奔原都城平城，被废为庶人，后又因谋反而被赐自尽。禁止说“诸北语，一从正音”，即以汉语为官方语言，在朝廷不得说鲜卑语等北族语言，违犯者免官。改鲜卑姓氏，复姓改为单姓，拓跋改为元。下诏说：“北人称谓土为拓，后为跋。魏的祖先出自黄帝，是以土德称王的，故以拓跋为姓氏。土者，是黄中之色，是万物之元，应当改姓为元。诸功臣旧族从代北迁徙来者，都要改姓。”于是拔拔氏改为长孙氏，独孤氏改为刘氏，步六孤氏改为陆氏，贺赖氏改为贺氏……所改的姓氏，不可胜数。

提倡与汉族通婚，孝文帝率先娶汉族高门洛阳卢氏、清河崔氏、荥阳郑氏、太原王氏之女为妃，把自己的女儿嫁给汉族大姓，还为诸弟都娶了汉族大姓之女为正室。在民间，鲜卑人与汉人的联姻也日益增加。在北魏推广汉族的门阀制度，这样，把汉族地主和鲜卑贵族的利益联系在一起，北魏的统治基础壮大了。

孝文帝的汉化政策，使鲜卑族在经济与文化方面融入了汉族先进体系，缩小了民族间的差别，促进了北方的民族融合。

（二）元朝忽必烈的汉化政策

孛儿只斤·忽必烈（1215—1294 年），即元世祖，他是成吉思汗之孙，拖雷之子。1259 年，蒙哥汗去世，忽必烈即位为蒙古国大汗。1264 年，定都大都，即今北京。

忽必烈的母亲喜爱汉族文化，忽必烈幼年时即深受熏陶，热心学习汉族文化。在漠北时，忽必烈尊崇儒学，接受了燕京庆寿寺海云法师的建议：“宜求天下大贤硕儒，问以古今治乱兴亡之事。”由此延揽了一批人才。1251 年，忽必烈奉蒙哥汗之命，总理漠南汉地的军国事务。他建府衙于金莲川（今河北沽源），更加注重招揽贤才。1252 年，张德辉、元好问给忽必烈上尊号“儒教大宗师”。同年，忽必烈两次下令修复燕京等处的孔庙，并免除儒户的兵赋，儒士们纷纷投附于他。《经世大典序录》云：“世祖之在潜藩也，尽收亡金诸儒学士，及一时豪杰知经术者，而顾问焉。”忽必烈任用汉臣，推行汉化政策，整顿吏治军纪，重视农业，实行屯田，使其治下之地经济繁荣，军力强盛，成为他的根据地，为其争夺汗位乃至以后治国打下了基础。

在即大汗位之后，忽必烈全面推行了汉化政策，依汉法建立政府机构，制定礼仪，建立法度，实行重农兴桑政策，兴修水利。1261 年，设置劝农司，向各地派遣劝农使。1287 年，将大司农编订的《农桑辑要》颁行全国。

忽必烈重视文教，1261 年设立翰林国史院，1271 年设立京师国子学，1277 年正式设立国子监学，1292 年学校已遍及全国，1287 年诏令程钜夫到江南访求贤才与隐逸。程钜夫荐举南士 20 余人，忽必烈皆加以重用。南方大儒吴澄、名流叶李、书画名家赵孟頫、诗人袁桷等先后入朝，江南儒生文士也接连北渡，南北学术在隔绝了百余年后又有了交流与融合。

忽必烈统治期间，社会经济与文化得到恢复与发展，巩固和发展了统一的多民族国家。

中国历代的民族政策是统治阶级为巩固其统治而制定的，有着阶级与时代的局限性。但如羁縻、和亲等政策有利于民族间的和谐相处，使国家安定，为经济与文化的发展创造良好的环境，有助于落后地区经济与文化水平的提升。汉化政策实质是民族间的相互学习，落后者被较高的文明征服。这有利于缩小差距，消弭隔阂，提高文明程度。这些是具有积极意义的民族政策，具有传承性，汉族与少数民族的统治者都曾实行这些政策，为后世处理民族关系提供了历史依据与镜鉴，这些民族政策本身也是社会文明发展的体现。

中华人民共和国在总结历史上民族政策经验教训的基础上，形成了符合中华民族实际状况，能够维护国家利益与民族利益的民族政策。在民族平等的原则下，各民族相互学习，进行经济文化的交流互鉴，各民族团结协作，实现各民族的共同繁荣，实现中华民族伟大复兴。

第三章

中华民族的经济交融

一般而言，汉族为农耕民族，聚居地区主要是农业经济；少数民族为游牧民族，聚居地区主要是畜牧业经济。二者之间具有互补性，相互依存。因此，民族贸易的基本内容是游牧民族用畜牧业产品及其畜牧业加工产品与农耕民族的耕织产品进行交易。

第一节　民族贸易

中华各民族之间的贸易有在政府设置的互市场所进行的贸易，有既有政治色彩又有商业性质的贡赐贸易，有各民族百姓间平等互利的民间贸易。

一、互市贸易

互市，中国历史时期的对外贸易或同边境民族间的贸易。又称交市、合市、榷场等。

西汉初，同南越和匈奴通商时设置了最早的互市。东汉与乌桓、鲜卑、匈奴等族贸易的市场，正式命名为互市。唐改隋朝设立的“交市监”为“互市监”，对唐与突厥、吐蕃、回纥等族进行的贸易进行管理；宋、辽、西夏、金、元在边境设榷场；明清时期也有互市。

互市贸易中，少数民族输出的物品往往为马、牛、羊、皮毛等，汉族输出的物品往往为绢帛丝织品类、茶叶等，所以又称绢马贸易、茶马贸易。

唐太宗十八岁随父亲李渊起义，东征西战，平定割据，在建立唐朝、统一全国中，功勋卓著。在此过程中，有六匹战马给了唐太宗很大的助力，立下了汗马功劳。

贞观十年（636年），唐太宗诏令画家阎立本绘制图形，由阎立德指导良匠镌刻了它们的雕像，立于昭陵前，被称为昭陵六骏。

昭陵六骏，栩栩如生，诉说着唐朝的开国史与太宗驰骋疆场的戎马生涯，也体现了中原与西域的贸易。这六匹战马的出处虽然说法不一，但据学者研究，贞观年间进入中原的“胡马”大致有四条不同途径：外域国家所献的贡马、俘获的战马、互市买马和隋朝官厩所养之马。推测昭陵六骏多来自当时的突厥或为突厥控制的西域。如“特勒”“特勤”即是铁勒，是突厥族官职的名称。

二、贡赐贸易

贡赐贸易是一种既带有浓厚的政治色彩又具有商业性质的贸易方式。地方政权或部落首领派遣使者携带马、牛、羊等土特产品向中央王朝“进贡”“朝贡”，以表示对中央王朝的政治认同，中央王朝估其价，一般“回赐”高于“进贡”物品价值的丝帛、金银货币或其他货物，以表示安抚。这样，中央王朝就将边疆民族纳入了其政治统辖。

唐宋时期，中央管理朝贡制度的主要机构是礼部与鸿胪寺。据《宋史·职官志三》记载：礼部主客郎中员外郎与鸿胪寺判寺事掌管四夷的朝贡之事，以宾礼接待。按具体规定办理郊劳、授馆、宴设、赐予，辨其贡物等；颁发封爵的诏书，交付所赐礼物；还要询问并记录其山川风俗，图画其衣冠，这就是职贡图。

契丹，南北朝时期即生活于东北的民族，曾向北魏、东魏、北齐、隋、唐朝贡。916 年，契丹族建立辽政权后，也建立起了自己的朝贡体系，并切断了东北女真、高丽等族对北宋的朝贡。

宋真宗景德元年（1004年），宋辽签订了澶渊之盟，双方约为“兄弟”之国，设立榷场进行贸易。景德二年（1005年），辽派使者祝贺宋真宗寿辰，进献的礼物有十二袭御衣、马匹、弓箭、契丹新罗酒、青白盐等。宋真宗在北宋皇宫接见了契丹使者，现有《契丹使朝聘》存世，大致体现了这次交往。

北宋 《景德四事图》之《契丹使朝聘》

宋辽之间的交流应该是相对平等的，而这幅画力图构设的仍是宋朝为中心的天下秩序。

三、民间贸易

各民族地区的地理与气候条件不同，形成了不同的社会分工，所拥有的资源与所生产的产品不同，各民族需要互通有无，把自身富裕的物品销售或交换出去，换回或购进自身需求的物品。因为贡赐贸易非常有限，互市贸易也有很大的局限性，如政府垄断、商品品种限制等，所以各民族间的民间贸易尽管受到重税苛法，严格管理、严密监督，但一直没有间断，甚至一度繁荣。

西夏是党项羌建立的政权，对北宋在经济上有很大的依赖性，司马光曾这样描述："西夏所居之地，原是氐、羌所在地，所出产的东西不过是羊马、毡毯，本国之中用之不尽，势必要把多余的输出，与其他国进行贸易；其国三面的邻国都是与其相似的戎狄，卖给他们必然卖不出去；只有中原国家——宋是最好的选择，宋需要输入羊马、毡毯，而且宋也是茶、丝织品等西夏所需百货物品的来源。所以西夏人如婴儿一样，需要中原国家宋的乳哺！"

北宋和西夏民间贸易的市场有和市，还有西夏统治者单方面设立或羌汉人民私自设立的交易市场。和市，也称民市，是为了满足羌汉人民日常生活用品所需而设置或自然形成的市场，其规模比榷场小，有固定的交易地点，并经双方政府批准，可以说是合法的市场。[1]

西夏和其他民族贸易的主要产品之一是青白盐。西夏盐资源丰富，盐池星罗棋布，以盐州的乌、白二池最负盛名。西夏所产盐有赤、紫、青、黑、白等不同颜色，其中，青色与白色的成盐最大，“其盐大而青，名曰青盐”，“赤与黑者皆小，惟白大”。于是，西夏盐通称为青白盐。青白盐色味俱佳，物美价廉，但是西夏地狭人少，市场有限，主要行销于属于北宋的关陇各地，并从那里换取他们所需谷物。

北宋实行盐专卖的政策，关于青白盐贸易政策多次变化，在两个政权关系缓和之时，北宋允许青白盐在一些州进行贸易；而在关系紧张之时，严格限制甚至禁止西夏行销青白盐到宋境。无论两个政权关系如何，民间贸易一直存在，宋夏边民多有以贩盐为生计者。

宋太宗淳化四年（993年）曾禁止青白盐输入边境，命令商人贩卖安邑、解县的盐用于解决陕西百姓的需要，规定有敢走私者处死。商人如果遵守政府规定，则获利减少，于是他们绕道从其他地方进行走私，官吏难以禁止。西夏人无法以盐换取粮食，不断入寇，而关陇百姓因无盐以食，也不安定，在内乱外患的困境之下，太宗不得不下令放松禁令。

① 参见杜建录《西夏与周边民族关系》，甘肃文化出版社，2017，第139~140页。

宋仁宗庆历四年（1044年），宋夏结束了历时七年的战争，双方签订了合约：西夏向宋称臣，宋每年赐给西夏所需的绢十五万三千匹，银七万二千两，茶三万斤。西夏国主李元昊还提出恢复贸易及每岁卖给宋青盐十万石的要求。如果宋政府买下十万石青盐，需花费二十余万贯巨款，且因青盐味甘价廉，必然使本地之解盐难以卖出，从而影响西北边防财政收入，因而北宋拒绝了这一要求。

但是这并未能阻挡青白盐的流入，只不过青白盐由公开贸易转为走私。史籍也多有记载，走私贸易即使“犯法抵死而莫肯止”，商贩们包括沿边属户及土著汉人等把大量的青白盐通过走私输入到宋朝境内。宋神宗熙宁初，西部边境收成不好，解盐更加贵，于是大多数牛羊、青白盐等物品通过走私贸易进行。熙宁四年（1071年）三月，大顺城（今甘肃华池）管辖下的蕃部多次持生绢、白布、杂色罗锦被褥、腊茶等物，至西部边界和市，又到黑山岭与部族首领进行交易，获得很多青白盐、乳香、羊货。走私贸易的盛行，充分说明各民族经济联系日益密切，人们必然渴望统一市场的建立。

民族贸易进行民族间物质的交流与贸易，有助于消除民族间的差异与隔阂，突破封闭，增进了解，扩大贸易区域，增加收入，改善生活，实现共同发展。民族贸易促进了民族间的经济交流与协作，促进了中华民族意识的形成，也有助于文化的传播与交融，加强民族间的融合与团结。

第二节 物种与技术的民族交融

中国地域广阔，形成了畜牧业、农业、半农半牧等经济模式。各民族之间不仅进行物品的贸易，也互相交流物种与生产技术。

由于地理与气候等自然条件的差异，在中国形成了畜牧业、农业、半农半牧等经济模式。以畜牧业为主的民族往往称为草原民族，他们游猎、游牧，逐水草迁徙。以农业为主的民族称为农耕民族，他们日出而作，日入而息，过着定居的生活。

一般而言，中华少数民族先民的社会经济发展比中原地区汉族先民的发展滞后。在春秋战国时期，中原地区向封建制过渡时，少数民族还处于氏族社会或由氏族社会向奴隶制社会过渡的时期。秦汉三国时期，匈奴首先确立奴隶制，此后，南北方各少数民族的社会制度才逐渐由氏族社会向奴隶制或封建制转变。魏晋南北朝，特别是隋唐时期，突厥、南诏、吐蕃、吐谷浑、回鹘等民族的封建化加速。在宋元明清时期，大部分少数民族已经确立了封建社会经济制度。

周边少数民族社会经济制度的进步，深受中原经济文化的影响，有的地区因被统一王朝纳入有效管理之下，得以推广先进的生产工具与技术；或是一些地区迁入了中原移民，带去了先进的生产技术，促进了生产力水平的提高。有的少数民族主动学习中原经济文化，进行改革，加速了经济的发展。

契丹的经济原以射猎、游牧为主，唐朝末年，有的中原汉人为避乱迁至契丹的游牧地区，契丹也趁机掳掠汉族人口，这使中原先进的耕作技术和生产工具在契丹的活动区域得以传播与应用，促使契丹的社会经济结构发生了变化。9 世纪后期，契丹已有农耕、纺织、冶铁等行业，契丹人开始定居。辽圣宗统治时期（982—1031 年），推行改革，学习汉族制度，封建社会经济制度确立。

党项、女真、蒙古等族有着与契丹相似的经济封建化之路。

草原民族与农耕民族间的通婚、迁徙、贸易甚至冲突与战争，加强了他们的联系，经济模式也相互交融，以至于有机结合在一起，有的游牧民族发展农耕经济，农耕民族也学习畜牧养殖。入主中原的少数民族政权如北魏、元、清也都重视发展农业经济。

突厥，南北朝至唐前期，活动在中国北方，主要从事畜牧业，逐水草迁徙，住的是穹庐毡帐，披散头发，穿左衽的衣服，吃肉食，饮乳酪，以裘褐为衣。唐太宗贞观四年（630年），唐灭东突厥，把其内附民众安置在幽州至灵州（今属宁夏灵武）一带，准其保持原来的生产生活方式，但是以汉族的礼法制度、经济生产方式来引导他们，以期使他们从牧民变为农民。到了贞观中后期，他们所在地区便出现了“年谷丰登”“畜牧蕃息”的大好局面。武则天时，突厥首领默啜曾向唐政府申请粟田种十万斛、农器三千具、铁数万斤，这说明内附突厥民众已经从事农耕生产了，过着亦耕亦牧的生活。

中华各民族之间不断进行着物种与生产技术的交流，促进了各民族、各地区经济的发展，丰富了人们的生活。

（一）丝织技术的交流

远古时期，黄河流域的先民已经种桑养蚕，从事丝织业了，所产丝绸越来越精美。丝织品与丝织技术也是最早传播给各民族的，西周时期，就有许多精通纺织的工匠迁徙到周边民族地区。春秋、战国时期，运用提花技术织成的文绮、纨素、绫罗和锦绣已经在全国通行了，也进入了新疆地区。但是一些西域国家仍不知道用生丝织造丝绸，大约在十六国至北朝时代蚕种传至于阗，于阗成为西域较早进行丝绸织造的国家。

据玄奘《大唐西域记》卷十二记载：于阗之人本来不懂

得用桑养蚕之事，他们听说东方之国会此技术，于是派遣使者前去求取，可是东方之国非常重视这一技术，对其严格保密，没有赐给使者，而且还严令禁止桑蚕种子出境。瞿萨旦那王，也就是于阗王，转而向东方之国送聘礼，言辞谦卑，恭谨有礼地求娶公主。东方之国的君主为了安抚远方异邦而应允了其请求。瞿萨旦那王命令前去娶亲的使者告诉东方之国的公主："我国一向没有制作丝绸的桑蚕种子，希望公主能带来，以便为自己制作衣裳，仍然能够穿丝绸。"于是公主秘密地取得了蚕桑之种，并将其藏在帽子的棉絮之中。关防官吏不敢检查公主所戴之帽，于是，桑蚕之种被带进了瞿萨旦那国。公主将桑蚕之种留在最初停留之地，即后来修建麻射佛寺的地方。第二年早春，公主取出桑种，植下桑树，到蚕月时，采叶养蚕。起初，因桑树过小而不得不以杂树之叶饲养蚕，后来，桑树逐渐茂密成荫，就只用桑树之叶了。公主还刻制令于石头之上，规定不准任何人杀伤蚕蛾，须等蚕蛾飞尽之后才可以治茧缫丝。如若有人胆敢违犯，神明将不再庇佑。公主还为育蚕之神建造了麻射寺院，玄奘在寺院中见到了几株枯桑，据说是当时公主所种。那时该国仍不杀有蛾之茧。

20 世纪初在于阗以东的丹丹乌里克遗址中发现了汉地公主将蚕种带入于阗的故事画，公主头挽着高髻，侍女用手指着藏蚕种之处，画右侧是庇护育蚕结茧的四臂护法神。

唐代木版画《传丝公主》

（二）棉纺织技术的交流

少数民族的生产技术也为人们进行技术革新带来更多的创新灵感，黄道婆就是融合黎族与汉族的智慧而成为13世纪的棉纺织技术革新家。

黄道婆，亦称黄婆，元代松江乌泥泾（今上海徐汇华泾镇）人，出身贫苦，十二三岁时被卖为童养媳，公婆不慈，丈夫不爱，常常遭受虐待，于是藏身海船之中，出逃至海南崖州（今海南崖县），在那里生活了二十多年才又回到家乡。

崖州是少数民族黎族聚居之地，掌握着当时先进的棉纺织技术，以做卧具的黎单与做幛幕的黎幕闻名。聪慧的黄道婆很快向黎族人学会了全部技术，并且在实践中善于思考与总结。她制造了轧棉机，加快了去籽净棉的速度；她创造了三锭纺车，加快了纺纱的速度，提高了生产效率，增加了产量。而四百多年后，英国哈格里夫斯才于1765年创造了西方第一架手摇纺纱机，即“珍妮机”。黄道婆改良了织布机，把传统丝织技术与黎族织“崖州被”技术相结合，创造性地运用错纱、

黄道婆塑像

配色、综线、挈花技术织出花样繁多的精美图案，“其上折枝、团凤、棋局字样，灿然若写”，这就是闻名全国的“乌泥泾被”。松江逐渐成为全国棉纺织中心，有“松郡棉布，衣被天下”之说，棉布成为普通百姓的常用衣料。

中华各族各地经济的多样性、差异性与互补性，增强了中华民族战胜自然灾害的可能性。物种的交流互鉴，使各地物种更加丰富多样，提高了人们的生活水准与体质；技术的交流互鉴，使生产技术提高，为人们带来方便，转变了一些地区落后的生产方式，促进了民族经济的发展，甚至使一些民族的社会经济制度发生了改变，为文明的创造、传播与提升创造了条件。

第四章

中华民族的文化交融

中华各民族在各自生活的地区创造了不同特色的文化，这些文化随着交往交流而融合。考古学家苏秉琦在《中国文明起源新探》中这样概括："经过裂变、撞击和融合，不断组合或重组，突破了区域文化和血缘族群的体系，形成了多元一体的格局，共同构成了多民族的文化传统。"早期在中原文化的创造与发展中，华夏族的贡献最大。自秦以来，随着中央王朝疆域的开拓，中原文化向周边渗透，与周边地区文化交融，因为中原文化最先进，所以中原文化在交融中起了主导作用。中原文化在此过程中也不断借鉴并吸收周边民族文化的精华，有了新发展。中华文化兼收并蓄，正如习近平在2014年中央民族工作会议报告中所说，"中华文化是各民族文化的集大成"。由各民族文化精华凝聚成的中华文化因博采众长而生机勃勃。

第一节　语言文字的民族交融

语言文字是人们交往、交流、合作的工具与基础，是文明的载体。

中国是多民族、多语言的国家，《中国的语言》一书汇集的语言有129种，分属多个语系：汉藏语系，包括汉语、藏语、景颇语、彝语、苗语、壮语等；阿尔泰语系，包括蒙古语、维吾尔语、哈萨克语等；南岛语系，如高山语；南亚语系，如佤语等；印欧语系，如俄罗斯语、塔吉克语等。其中，汉语的使用面最广。

在中国56个民族中，有本民族文字的有23个，可以分为5个系统：汉字系统三种，有汉文、彝文、朝鲜文；回鹘字母系统3种，有蒙文、新疆蒙文、锡伯文；印度字母系统5种，有藏文、傣文4种；阿拉伯字母系统3种，有维吾尔文、哈萨克文、柯尔克孜文；罗马（拉丁）字母系统17种。[①]

这些语言文字是各民族在长期的实践中创造的，凝结着各民族的智慧。

① 参见周有光《语文闲谈：选订本》，生活·读书·新知三联书店，2014，第255页。

（一）汉语汉字

汉语是中华民族的通用语言，是世界上最古老的、延续时间最长的语言之一，是中华民族文明的载体与象征。

汉语存在着“十里不同音”现象，有七大方言区，即北方方言、吴方言、赣方言、湘方言、客家方言、粤方言、闽方言。中华民族现在的通用语言——普通话是以北京语音为标准音、以北方官话为基础方言，以典范的现代白话文著作为语言规范的通用语。

汉字是中华民族的通用文字，与苏美尔人创制的楔形文字、古埃及人创制的圣书字同为世界上最古老的文字，但只有汉字一直在被使用着，其他两种文字已经消亡在历史之中了。

汉字是怎么创造的呢？关于汉字的起源众说纷纭：有黄帝的史官仓颉造字说；有沮诵、史皇、顗首等人造字的传说；有古人曾结绳记事，然后，圣人发明了契刻文字之说；有画图记事说等。

从考古发现来看，仰韶文化时期的陶器上就发现了刻画符号，距今六七千年；大汶口文化中晚期出土的器物上也发现了刻画符号，距今四五千年，这是中国早期的图形文字。商代后期的甲骨文已是比较成熟的文字。秦统一以后，统一文字，以小篆为标准文字，又把简便书体隶书作为日用文字推行。秦统一文字意义深远，各地虽有各自的方言，但文字统一，书面语言相同，使得各地思想文化交流无碍，国家政令畅通无阻，有利于中华文化的传承与发展，有助于实现国家的统一与多民族的融合。

东汉许慎的《说文解字》是我国第一部字典，共收录了9353字。这是中华民族智慧的结晶，是中华文明发展的见证，是中华民族的文化发展史。

汉语在历史发展过程中，与其他民族语言接触，吸收了很多外来词汇，汉语变化比较大的时期正是发生在民族大融合时期，如汉魏六朝时期、宋元时期。据张赪主编的《汉语简史》统计，汉语中外来词的语源共有84种，其中，来自突厥语、契丹语、蒙古语、藏语、满语、维吾尔语等语言的词条都在50个以上。

两汉时期，产生了一些来自匈奴的词。如匈奴族自称的一种音译为“胡”；匈奴之君王的称号“单于”“善于”；匈奴王后、单于的正妻称为“阏氏”或“烟支”“燕支”“焉支”。也有一些外来词来自西域：我们熟悉的“骆驼”，起初写作“橐它”“橐他”“橐驼”等，后来因为语音讹变才写作“骆驼”。还有随着新的物种而来的外来词，如葡萄，亦作“蒲桃”“蒲陶”；苜蓿，亦作“目宿”“牧蓿”“木粟”，葡萄与苜蓿是大宛语的音译。

“站”，汉语字义为站立，我们现在所用的车站之义是来自突厥语、蒙古语，后来发展为鲜卑语“咸真”，义为乘驿之人。元代疆土辽阔，建立了四通八达的驿路网络，驿路中的管理站称“站赤”，亦作“驿站”等。词义由驿传进而发展为驿站。

（二）鲜卑语

十六国北朝时，鲜卑语是北方的主要用语，地位仅次于汉语，但是没有文献表明有鲜卑文字。据《魏书·乐志》记载，北魏有叙述拓跋鲜卑的史诗《真人代歌》，向上叙述祖宗开创基业的经历道路，向下书写君臣废兴的历程，共一百五十章，昏晨歌唱之，常常与丝竹合奏。在举行祭祀与宴会也使用它。到隋朝时还有十卷。

北魏用汉字，书体不一，篆隶草楷并行，424年，拓跋焘称皇帝不久，颁布了1000多个汉字，作为标准，“永为楷示”。

孝文帝也进行了语言方面的改革，他试图消除鲜卑族与汉族之间的语言隔阂，从而达到民族融合的目的。孝文帝规定：禁断北方语言，一从正音，也就是改用汉语。三十岁以上者，习性久已养成，容许可以不立刻改变；三十岁以下者，在朝廷为官的人，不允许依照旧的语音。如若有故意为之者，降低爵位，罢黜官职。如此渐渐形成习惯，风尚教化可以更新。如果仍沿用旧俗，恐怕数代之后，伊水、洛水一带又是披发左衽之人了。太和十九年（495年），孝文帝正式下诏：“不得在朝廷使用北俗之语言，如若有违犯者，免除现在所任的官职”。

鲜卑语一直沿用至隋朝，《隋书·经籍志》记有《鲜卑语》，可能是用汉字记鲜卑语的书。

（三）契丹文字

契丹在建立政权之前，原本没有文字，采用刻木记事。916 年耶律阿保机自立为皇帝后，命人创制了契丹大字与契丹小字。参与契丹大字创制的有契丹人耶律突吕不和耶律鲁不古，也有汉人参加。920 年契丹大字创制出来，参照汉字，增加或减少汉字隶书偏旁制成，属于表意文字，有 3000 余字。

契丹小字的创制者为耶律阿保机之弟迭剌。他非常聪敏，参考回鹘字创制了契丹小字。契丹已经有了契丹大字，为什么又创制契丹小字呢？这是因为契丹语属于阿尔泰语系，具有单词多音节等特点，用表意文字记录契丹语存在很多不方便之处。契丹小字为拼音文字，能够更准确地表达契丹语。

辽朝一代，契丹大字、契丹小字与汉字同时通行。契丹大字烦琐，契丹小字简单方便，故契丹小字使用范围广。

1975 年在内蒙古阿鲁科尔沁旗出土了《北大王墓志》，墓主人为耶律万辛（972—1041 年），辽兴宗重熙四年（1035 年）被封为北大王。墓志盖正面刻篆书汉字“北大王墓志”，背面刻汉字 21 行，510 字，叙述墓主的家世。志文 27 行，783 字，用契丹大字刻写，叙述墓主的仕途。墓主身居高位，曾掌握四十万大军，但《辽史》并没有他的传记，所以这块墓碑可以补史籍之缺，也为研究契丹大字提供了弥足珍贵的资料。

《宣懿皇后哀册》出土于内蒙古赤峰市巴林右旗。宣懿皇后是辽道宗的皇后，在《契丹国志》《辽史》中均有传记。宣懿皇后萧氏，字观音，姿容冠绝，恬淡寡欲，擅长写诗，自制歌词，尤善琵琶。哀册是用契丹小字与汉字刻写的，是研究契丹小字的珍贵资料。

（四）西夏文字

西夏文字是参照汉字的笔画和结构创制而成的，创制者为元昊，夏景宗大庆元年（1036 年）颁布，与汉字并行。西夏字分为楷、行、草、隶、篆，字体方正、类八分书的特点。

西夏文字有独体字与合体字之分。独体字笔画较少，有固定的音和义。合体字大多是会意字，也有少量形声字，一般由两个独体字结合而成。西夏文字总数有 6000 左右。西夏被蒙古灭亡以后，党项后裔还有人继续使用西夏文字，直到清代，西夏文字才被彻底废弃不用。

（五）女真文字

在女真族建立政权之前，也没有本民族的文字。起先，女真臣属于契丹，其首领向契丹地方官汇报时，因为鄙陋无文，用草木瓦石作为算筹，罗列陈述事情，契丹官员均感到非常惊愕。在缴纳赋税，征发科差时，“刻箭为号”，比较急的事情刻三道。直到阿骨打举兵攻辽时，依旧没有文字，阿骨打和诸将之间的上传与下达，都是口头转述。

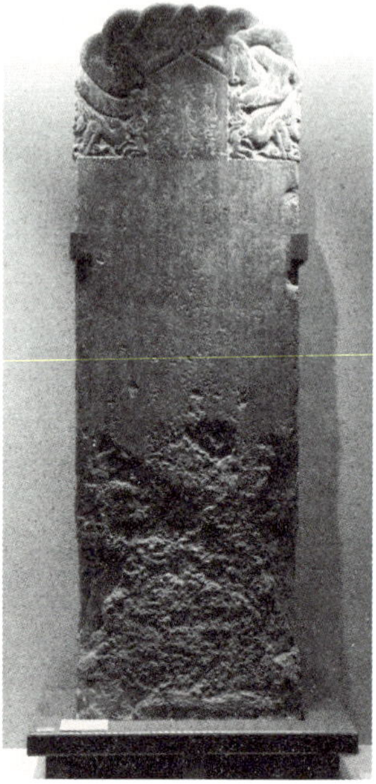
女真进士题名碑

1115 年，阿骨打称帝，金政权建立。金太祖阿骨打命完颜希尹和叶鲁创制本国字，他们参照汉字楷书与契丹字，于金太祖天辅三年（1119 年）制成女真大字。金熙宗天眷元年（1138 年）颁布笔画简单的女真小字，金熙宗皇统五年（1145 年）推行使用御制小字。金章宗明昌二年（1191 年），金停止使用契丹字，汉字与女真字并行。

1829 年在开封发现了《女真进士题名石碑》，该碑是金哀宗正大元年（1224 年）立于开封官学的，原碑一面以女真字书写，一面可能以汉字书写。碑阳为女真字，有文字 23 行，每行字数不等，下部文字剥落损毁严重；碑阴汉字已被磨除。碑文记录女真进士科举考试的时间、内容以及考中进士人员的姓名和籍贯等。

在漫长的历史时期，汉语言文字成为生活在中华大地的多数民族的通用语言文字，许多传承至今的碑刻是用汉语等多种文字撰刻的。汉语言文字在发展中吸纳了不同民族的语言词汇，契丹、党项、女真等族语言文字的创制也参照了汉语言文字。不同民族的语言文字在发展中存在着相互交融与借鉴，丰富了各民族语言词汇，为产生民族认同创造了条件。

中华各族的语言文字记载、传承着各族的历史文化，对大一统中国的形成、中华文明的延续都起了举足轻重的作用。

第二节　儒家文化与民族交融

儒学产生于春秋时期，西汉武帝时独尊儒术，由此，汉民族的思想文化推行到全国各民族之中。再加上汉民族的迁徙，民族间的联姻、政治经济文化交流，各级学校的儒学教育，儒家文化被各少数民族接受，融入他们的政治、经济、文化与生活之中，也成为他们的文化基因，提升了他们的文化水平与文明程度。

一、儒家文化成为中华民族共同文化的基因

春秋战国时期，儒家文化已是当时的显学，儒家的创始者

孔子、集大成者孟子曾经周游列国宣传他们的主张，但并没有被统治者采用。

西汉时期，董仲舒对儒家文化进行了改造，他融合了道家、法家、阴阳家等学派的思想，主张加强中央集权，实现大一统。汉武帝接受了董仲舒的建议，把经过董仲舒改造的儒家思想作为统治思想，儒家文化作为官方文化的统治地位确立。国家设立太学，专门传授儒家经典。自此，中国历代统治者均尊奉儒家思想为正统，儒家经典是各级各类学校的主要教授内容，也是国家选拔人才的主要考核内容，儒家文化成为中国的主导文化。

1967 年在新疆吐鲁番阿斯塔那古墓出土了唐代卜天寿的作业本，内容是抄写的《论语》，卷后注明了抄写的时间为

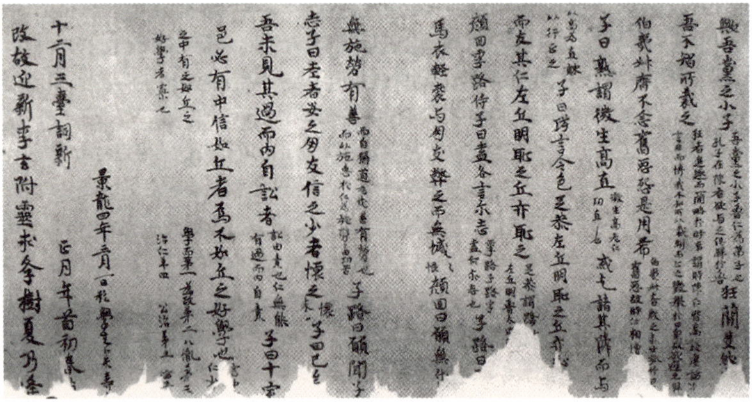

唐　卜天寿抄本《论语》

景龙四年（710 年）三月一日。景龙是唐中宗的年号。卜天寿《论语》抄本的发现证实了儒家文化在西部边疆地区的广泛传播。

儒家文化具有强大的融合力和包容性，倡导和而不同、厚德载物，具有宽厚包容的精神，这使得儒家文化随着社会的发展也在与时俱进，董仲舒对儒学改造吸取了道、法、阴阳学派的思想，理学集大成者朱熹一方面总结发展了儒家的思想，一方面融合汇通了佛家与道家之长，建构了理学体系。

儒家文化被中华各民族所接受，所运用，并得以不间断地传承延续。儒家文化已经融入中华民族的政治、经济、文化、社会生活等各个方面，儒家的仁、义、礼、智、信等主张成为人们的价值观念；修身、齐家、治国、平天下成为人们的人生追求目标；儒家的礼仪道德成为家庭伦理、社会伦理的规范；人们在日常生活中会自觉地按着儒家的观念思考、行动。儒家文化已融入中华民族共同的心理素质之中，成为中华民族共同文化的基因。

二、儒家文化对少数民族的影响

儒家文化长期而深刻地影响着中华各民族，少数民族的统治者以儒家思想治国，以儒家思想文化教化百姓，教育子弟。从上层到普通百姓无不尊奉儒家的伦理道德，儒家文化成为中华各民族的精神纽带。

（一）鲜卑族的孝行

北魏、西魏的统治者是鲜卑族，他们都接受儒家文化、学习儒家文化，有很高的儒家文化修养，并推广儒家文化，用以治理国家。

儒家的伦理道德成为那时品评人物的衡量标准，孝是儒家倡导的最重要的个人道德规范和家庭伦理标准，据典籍记载，北朝时期的统治者也都具有孝的品质。明元帝拓跋嗣有“纯孝之心”；文成帝拓跋濬极为重视儒家伦理，曾下诏把不孝父母的人与为官奸恶暴虐者、盗贼并列治罪；献文帝拓跋弘“仁孝纯至，礼敬师友”；北周武帝宇文邕，“幼而孝敬，聪敏有器质”。

宇文护是西魏掌权者宇文泰的侄子，年幼之时即正直且气度不凡。宇文泰临终之时，诸子尚年幼，便将国家大事托付给他。

《周书·晋荡公护传》中记载了宇文护与母亲书信往来、母子情深的故事。宇文护的母亲因为战乱，流落齐地，被囚禁。宇文护成为宰相后，多次派密探去寻找，都杳无音信。由于北周与突厥的联合进攻，北齐政权摇摇欲坠，于是北齐国君命人以宇文护之母的名义给宇文护写了封信，以此来缓和局势。宇文护是极为孝顺之人，收到书信后，悲痛至极，身边之人都不敢仰视他。

宇文护回信说："因天下分崩离析，遭遇灾祸，我离开母亲已有三十五年了。世人皆父母所生，知母子之恩，谁像我这般不孝！往日积久的祸殃和罪过，只应该加罪到我自己身上，怎能想到却降到慈母之身，使其遭遇牢狱之祸。但我立身行事，未曾辜负过一人，圣明的神灵有知，也应当哀怜于我。如今儿子贵为公侯，母亲却是俘虏奴隶，天热时不知道母亲是否遭受炎热，天寒时不知道母亲是否遭受寒冷，不知道母亲是否有衣服，不知道母亲饭食能否吃饱，好像是消失在天地之外，音信全无。我日夜思念母亲，痛哭泣血，心中充满怨恨酷痛，终此一生，本来希望死后若是有知，在九泉之下再奉养母亲。没想到齐朝给了我母亲之信，怜悯母亲，同意释放。我听闻这个消息，惊喜之情无法自胜，谢天谢地。……"

历经多次波折，宇文护和母亲终于团聚，宇文护极尽所能地侍候母亲，供奉极为丰盛。

（二）布依族践行儒家伦理道德

在儒家思想文化的浸润之下，儒家的伦理道德也融入了少数民族的行为准则、道德规范之中，融入了他们的生活之中。

布依族，来源于古骆越族，汉代称“僚”或“俚”，唐代称“谢蛮”，元代、清代、民国时期称“仲家”“夷家”“夷族”“水家”“水户”“土人”“土边”，等等。自称“布依”“布饶”“布仲”“布雅依”“布曼”，是生活在云贵高原上的土族居民，繁衍生息至今。[①]

布依族深受儒家伦理的影响，他们的乡约族规中贯穿着儒家的忠君、爱国、爱民、孝道、勤劳等伦理道德观。

贵州省黔南布依族苗族自治州罗甸县土司的《黄氏宗谱》，修订于明宪宗成化二年（1466年）。据宗谱追述，在宋朝到明朝的四百多年中，该族先祖曾遵从中央王朝的调遣，征战辽西、粤西、黔中，并跨海南征，宗谱中对子孙的训诫贯穿着儒家的伦理道德观念。

第一，忠君爱国。《黄氏宗谱》把忠君爱国作为祖训的首条，要求子孙“沐雨栉风、鞠躬尽瘁”。为了阐明忠爱之义，引用孔子之言：“臣事君以忠，是知为臣之道。无他，为在忠而已矣。”《黄氏宗谱》认为只有忠诚，一心为公，才能施展才能；只有忠诚，才能谨慎地对待所居之位，履行职责；只有忠诚，才能害怕犯错误；只有忠诚，才能敢于直谏，尽忠言；只有忠诚，才能不畏牺牲，奋不顾身；只有忠诚，才能尽心履行职责，这样就很少有完不成职责的。

第二，爱民。《黄氏宗谱》说：“致君与泽民并重。民者君之子，以爱子之心爱民。”

① 参见《布依族简史》编写组编写《布依族简史》（修订本），民族出版社，2008，第11～15页。

第三，重孝悌。《黄氏宗谱》说："孝弟也者，天之经，地之义，人之行也。人不知孝顺父母，独不思父母爱子之心乎。"

第四，重农。《黄氏宗谱》说："养生之本在于农桑，此乃衣食之所由出也。一夫不耕或受之饥，一女不织或受之寒。古者天子亲耕后亲桑，躬为重尊犹且不惮勤劳，况为至卑男女者乎。"[①]

第五，和睦宗族。《黄氏宗谱》说："明人道，必从睦族为重也。"宗族就如河有支流，树木有分枝，虽然远近深浅不同，粗细疏密各异，但本源是一样的。所以对待家族与宗族，必须如对待一人的四肢百骸，要血脉相通，病痒相关，悲欢相应，则宗族就会和睦。

第六，教育子弟。《黄氏宗谱》说：子弟即使愚笨，也不可以不读经书。按照周代的制度，国有学，州有序，党有庠，用来训诫子弟。有达不到这样的，在家设私塾。如果有子弟需要教育而不设私塾，只是为他置办田地，美宫室，使子弟不知礼仪，不明白节用之道，这就容易生出骄纵奢侈之心，谁能保证他不败落呢！所以，子孙应该遵守以前的训诫，设立私塾以训子弟。延请名师，务必使贤者、智者、愚者、不肖者，所有弟子都接受教育。这样就能明晓人伦，知道礼让，理解法律，

① 转自刘明华、龙国辉主编《贵州省少数民族传统伦理道德研究》，贵州教育出版社，1991，第167～173页。

以胡作非为为耻，能够事亲事长。或参加科举出仕，或耕作，皆可立身。

布依族的乡约族规，把儒家的伦理规范与布依族的传统观念相融合，形成了本族本地一系列维护社会秩序的规范和伦理观。这些乡约族规指导着布依族的为人处事行为，使儒家思想文化与伦理道德成为人们的行为规范。

第三节　信仰的民族交融

中华民族的信仰是复杂的、多元的，虽然有些传统信仰包含着糟粕与迷信色彩，但更多的传统信仰之中蕴涵着中华文化的精髓与文明的传承基因。

在母系民族公社时期，人类形成了对植物、动物、无生命物体的图腾崇拜，此后又衍化出天地崇拜、祖先崇拜。随着各民族的融合，各民族的信仰也走向了融合，有些由一个民族尊崇的神变成多民族信仰的神；或者各民族把他们的信仰整合起来，创造出共同信仰的形象。共同的信仰把中华民族紧密地凝聚在一起，创造了辉煌的文明。

一、图腾崇拜

在原始社会时期，人们将某种植物、动物或无生命物体等视为和本氏族有血缘或其他特殊的亲密关系，因而崇拜它们，这种行为就是图腾崇拜。世界各个原始民族都曾有自己的图腾崇拜，华夏族曾崇拜的蛇、鸟等图腾，逐渐演变为龙、凤等，延续至今，成为中华民族的精神符号，是中华民族各成员共同的民族认同，是中华民族的精神力量。

（一）龙图腾

龙是中华民族的象征，龙是什么样子呢？从考古发现来看，龙的形象经历了漫长的演变过程。

1982 年在辽宁查海遗址发现了堆石龙，距今 8000 多年，用大小均匀的红褐色石块堆塑而成。堆石龙昂首张口，身体弯曲，背部弓起，尾部石块摆放松散，若隐若现，似在腾飞。身长近二十米，宽近两米。处于聚落的中心位置，头朝西南，尾在东北。该遗址的陶罐上也有类似的龙纹，可以确定此处的先民以龙为图腾。

1987 年在河南濮阳西水坡仰韶文化遗址发现了龙图案，距今 6000 多年。用蚌壳精心摆塑而成，蚌壳龙在墓主的右侧，头在北，面向东，昂首张口，弓背用劲，前腿扒，后腿蹬，尾部做摆动状，好似正翱翔于天际。身长 1.78 米，宽 0.67 米。

蚌壳龙初步具有了马头、鹿角、蛇身、鹰爪、鱼尾的特征。墓主的左侧为蚌壳摆塑而成的虎，头在北，面向西，眼睛圆睁，张嘴龇牙，如正在奔下山岗。

此图案与古天文学“四象”中的东宫苍龙、西宫白虎相一致。相传，河南濮阳是黄帝之孙颛顼的故乡，龙图案可能是“黄帝乘龙升天”、颛顼“乘龙而游四海”的神话在此流传的反映。

1971年在内蒙古赤峰三星他拉红山文化遗址出土了碧玉C形龙，距今6500至5000年。通体磨光，光洁圆润，没有爪、角、鳞，头似猪又似鹿，长嘴上翘，梭子眼外突，半睁，圆洞形对称鼻孔，颈背有一飘扬的长鬃。龙身腰部有一孔，有学者认为这是当时巫师求雨的用具，如果用绳子吊起来，龙头龙尾都会朝下，而龙眼就如即将滴落而下的水珠。

碧玉C形龙

玉猪龙

1984年辽宁牛河梁红山文化遗址出土了玉猪龙，距今6500至5000年，造型是猪头、蛇身。身体蜷曲，头部昂起，喙部突出，略向外翘，富有动感。有学者认为玉猪龙是以猪为图腾的居住在内蒙古赤峰一带的古颛顼部族与以龙为图腾的黄帝部族进行新的组合的证据。[①]

安徽凌家滩遗址出土的玉龙，距今5000多年，呈环形，首尾相连，头上有柱形角，身上阴刻鬃毛，近尾部有一小钻孔，可以系挂。

玉龙

河南偃师二里头文化遗址出土的龙形器，距今约3700年，由2000余片绿松石摆塑而成，身长64.5厘米，中部最宽处4厘米。形似蛇，又似鳄鱼。巨大的龙头呈扁方形，眼如梭，眼珠为圆饼形白玉，鼻梁由三节半圆形的青、白玉柱组成，鼻端由绿松石雕成，呈蒜头状；龙身为绿松石片组成的菱形鳞纹，起伏有致，尾蜷曲，色彩绚丽，形象生动。

从辽河流域到黄河流域再到长江流域，都有龙的遗迹被发现，可见，龙的起源是多源的，龙的崇拜是跨越地域的。大型的摆塑龙，可以佑护一族；小型的玉龙，可以保佑一身。

① 参见张启成《中外神话与文明研究》，学苑出版社，2004，119页。

在甲骨文中龙的写法有：、、，金文的写法是，龙身长，卷曲似蛇形。《管子·水地篇》说：“龙，生于水中。披着五色而游行，所以成为神。它欲变小，则变得如蚕蛹一般；欲变大，则变得能够容纳天下；欲向上，则能够凌驾于云气之上；欲向下，则潜入深渊之中。”东汉许慎《说文解字》云：“龙，鳞虫之长。能幽能明，能细能巨，能短能长。春分而登天，秋分而潜渊。”

绿松石龙形器

南宋罗愿《尔雅翼》引东汉王符“龙之九似”：“九似者：角似鹿，头似驼，眼似鬼，项似蛇，腹似蜃，鳞似鱼，爪似鹰，掌似虎，耳似牛。”

总之，龙的形象，在先秦之前，简单质朴，部分没有肢爪，如爬虫类动物。秦汉时，多如兽形，肢爪齐全，似虎又似马，常为行走状。隋唐时，嘴角深，腿部长，尾部如蛇。宋元时，下颚开始上翘。元代时，毛发开始呈现出飘拂状。到了明代，头上毛发上冲，龙须向外或向内卷曲，五爪呈现风车状。清代，龙头有横生的毛发，有锯齿形的腮，叶形装饰的尾部。

龙是部落的图腾。据《左传·昭公十七年》记载，太皞氏以龙为图腾，以龙为部族名称。传说黄帝在打败了蚩尤、炎帝等部落后，为了把各族凝聚团结在一起，把各部族的图腾融会兼取，这就产生了共同的图腾——龙。后来，龙的形象一度被帝王垄断，成为权力的象征。

龙的形象是不同地域的许多部族和民族的图腾融会综合而成的，是中华各民族认同与融合的历史见证，具有多元一体的特征。

现在，龙的形象逐渐在民间普及，被认为是中华民族的象征。龙对于中华民族来说，有着特殊的意义，象征着自强不息、与时俱进、风调雨顺、天地和谐。龙的形象存在于中国人生活的方方面面，有中国人的地方，就有龙文化的存在。

（二）凤图腾

凤是中国人心目中的神鸟、吉祥鸟。凤的形成也是部族兼并与融合的结果。凤的形象又经历了怎样的演变呢？

赵宝沟文化遗址，位于内蒙古翁牛特旗赵宝沟等地。在这里曾发现了一件鸟形陶凤杯，凤头有冠，鸟形杯体，尾翼

陶凤杯

展开，构思巧妙，具备了凤的特征，距今约6800年，有“中华第一凤”之称。

在红山文化遗址牛河梁出土了一只保存基本完整的玉凤，玉凤呈趴卧状，处在沉睡之中，脖子放在翅膀上，脚藏在身下。翅膀上扬，尾巴下垂，雕刻写实而精细，风格简约。

浙江省余姚河姆渡文化遗址出土多件鸟饰物，距今六七千年，证明河姆渡人的图腾是鸟。其中双凤朝阳蝶形饰，中央刻画着熠熠生辉的太阳，两侧各有一鸟，昂首相望，尖嘴微勾，线条刻画细致。

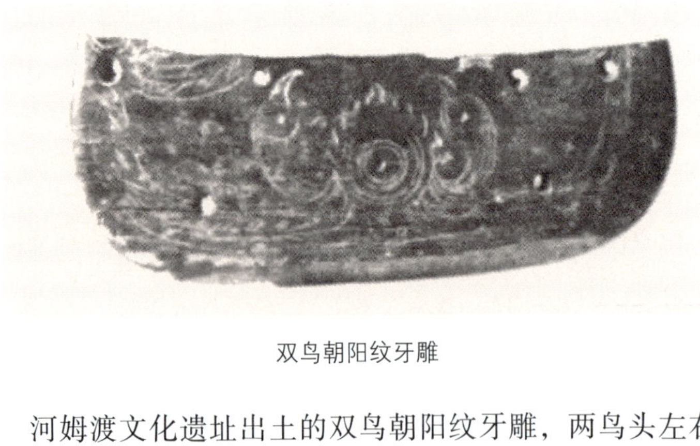

双鸟朝阳纹牙雕

河姆渡文化遗址出土的双鸟朝阳纹牙雕，两鸟头左右相向，身体相连，拱卫太阳，鸟造型属雉类。与今天苗绣中的“双头鸟”图案惊人地相似。

甲骨文中凤的写法有：，这一字的解读为：一人正跪在神鸟面前祈祷，鸟头部似王冠，具有权威性，尾部似孔雀。

《左传·昭公十七年》引郯子的话称：“我高祖少皞挚之立也，凤鸟适至，故纪于鸟，为鸟师而鸟名。”少皞继承帝位时，有凤鸟降临。以少皞氏为首领的东夷部族以鸟为标记、为图腾。

《诗经·商颂·玄鸟》说：“天命玄鸟，降而生商。”据《史记·殷本纪》记载，殷族的始祖契，是母亲简狄吞玄鸟卵而孕育的。玄鸟当为商族的图腾。玄鸟是什么鸟？有不同说法，一说是凤。1976 年在妇好墓出土的玉凤，呈黄褐色，头部有三朵并连的花冠，尖嘴，短翅，圆眼，尾翎舒展，气韵灵动，优美飘逸。

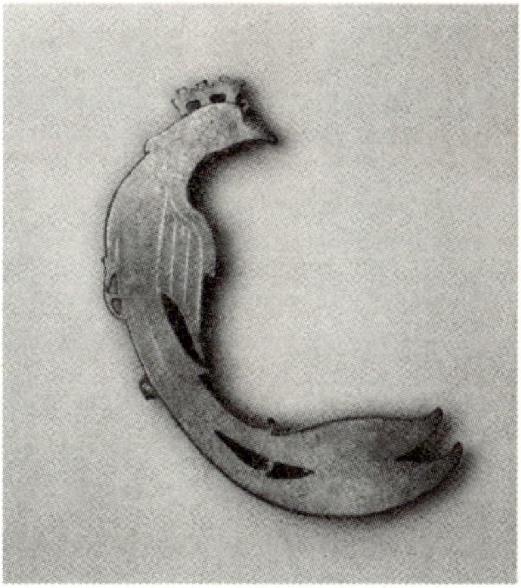

商朝玉凤

随着中华各民族之间的迁徙、征讨，各类鸟图腾相互融会，融入凤的形象之中，并为之增加了新的特征，形成原始的凤形象。

东汉许慎《说文解字》说凤是神鸟，并引用辅佐黄帝的天老的话来说明凤的形象："凤之象也，鸿前麟后，蛇颈鱼尾，鹳颡鸳思，龙文虎背，燕颔鸡喙，五色备举。出于东方君子之国，翱翔四海之外，过昆仑，饮砥柱，濯羽弱水，莫宿风穴。见则天下大安宁。"西晋郭璞注《尔雅·释鸟》说凤是"鸡头、蛇颈、鱼尾、龙文、龟背、燕颔、麟前、鹿后，五色备举，高六尺许"。

自古以来凤凰在民间就代表着安宁、和美、和谐与吉祥，是人们心目中的瑞鸟，天下太平的象征。逢太平盛世，则有凤凰飞来。

（三）龙凤文化

以龙图腾为主的部族又和以凤为图腾的部族联合、融合，出现了龙凤合体的图案。龙飞凤舞、龙凤呈祥，代表着中华民族实现大一统。

在赵宝沟文化小山遗址出土的一件陶尊上，发现了弥足珍贵的猪首龙、飞鹿和高冠神鸟的组合图像。猪首龙为猪首蛇身，长嘴前突，眼睛细长，鼻子上翘，獠牙上指，蛇身蜷曲，周身有网状纹鳞；飞鹿有菱形长目，分叉长角，桃叶形耳，背上生翼，肢体呈现腾空奔驰状；神鸟，头顶生冠，巨头圆眼，长嘴弯钩，做引颈展翅欲飞状。三者首尾衔接，环绕器腹一周，画面比例均匀。这幅图被视为龙凤呈祥图，是当时人们的图腾崇拜，或是信仰意识，亦或是氏族融合的表现。

河南安阳妇好墓出土了龙凤玉佩，上龙下凤，龙身向上竖起，尾端卷曲，头上有一竖立的角，眼呈臣字形状，张口露齿，一双爪足平放于头下，龙身有重回纹与雷纹的鳞。凤鸟站立在云朵之上，头上有双角形冠，圆形大眼，弯勾尖嘴，尾短而翘尖，身下一四爪足，鸟身有阴刻翎纹。这是中国龙凤组合在一起的最早艺术源头之一。

龙凤在世界中并没有真实的存在，其形象是随着中华各民族的认同与融合而被创造出来的，并被赋予丰富的内涵，形成丰富多彩的文化。龙凤文化的形成发展是中华文明的融合结晶，是中华民族实现大一统的体现。

二、天地崇拜

在原始社会时期，人们对自然界的认识有限，不能理解日、月、星辰等天体的运行，对风、雨、雷、电、火、山、河、植物等也充满着不解与好奇。人们认为它们是神，崇拜它们，敬畏它们，希冀它们能给人类带来风调雨顺、丰收与平安等，并逐渐形成了“上帝”或“天帝”是万能的，是人类的最高主宰的观念，上帝统率“天神”与“地神”。天神包括日、月、星、风、雨、雷、电等，地神包括土地、山、川、河、海等。

在我国夏商周时期，崇拜实体已经人格化了，如商代人认为“上帝”具有至高无上的权力。西周时，“上帝”演变成“天”，也就是天神，主宰万物，西周人举行祭天活动，有庄严的仪式。西周的最高统治者自称“天子”。天子通常在王邑的南郊建“圆丘”，也作“圜丘”，也就是建圆形祭坛祭天，时间是冬季的某日或有重要事情时，这就是“郊祭”，是西周最重大的祭祀活动。据《尚书·召公》与《逸周书·作雒解》记载，西周在营建东都洛邑动工与完成时都举行了祭祀天地的隆重典礼。春秋之后，天神信仰渐趋社会化，人们认为天道与人间善恶灾祥紧密相关。《国语·周语》记载，东周定王时，派单襄公出使，他看到陈国民生凋敝，不遵礼法，轻慢使臣，骄奢淫逸，不遵守先王“天道赏善而罚淫”的教导，认为陈国危机四伏，必然灭亡。孔子认为“获罪于天”，也就是犯了滔天大罪，怎么祈祷也没有用了。墨子说“天子为善，天能赏之。天子为暴，天能罚之”。天赏善罚恶，主宰着人间赏罚。

郊祭是历代君主祭天活动的基本方式。汉武帝元光二年（前 133 年）规定，此后每三年举行一次郊祭，元年祭天，二年祭地，三年祭五帝于五畤。形成了以祭天为中心，五帝为辅佐神的祭祀体系。至今，在一些民户院中仍设有一个台，春节时会张贴木版天地神画，拜祭天地。在举行婚礼时，很多地方也保留首先“拜天地”的习俗。

地的崇拜表现为社祭，社是五土之神，汉代《孝经纬》说，社是土地之主，土地辽阔，不可能处处都祭祀表达敬仰，所以“封土为社以报功也”。中华先民往往一起崇拜代表土地的“社”神与代表谷物的“稷”神，祭祀社稷的场所称为社。土地生长万物，特别是最基本的维系生存的食物，是人类生活的来源，《荀子·礼论》说天地是“生之本也”，于是，土地与粮食成为国家的立国之本，社稷便演变成为国家的象征。

社祭在每年春、夏、秋、冬四季或有大事时举行，春祭祈祷丰收，秋祭报告收成，致以谢意。孟冬之月的社祭最为隆重，要宰杀许多牲畜作为牺牲献祭。商代社祭已经普遍，在殷墟出土的甲骨卜辞中就有体现。《尔雅·释天》中说，有大的军事活动，要“立冢土”，举行隆重社祭。《礼记·大传》记载周武王在牧野之战打败商之后，在牧野当场就祭祀天地，“柴于上帝，祈于社”。据《墨子·明鬼》记载，社的位置选在林木茂盛之地。社的祭坛用土建造，宋代改为用石头建造，希冀更加“坚久”。民间的社是祭祀诸神的主要场所，当地百姓自行组织，集体出资进行祭祀。

土地之神后来演变为管辖一个地方的人格神“土地公公”，俗称土地爷、土地公，后来又增添了土地婆、土地奶奶、田婆等。城隍神是守护一方平安的土地神，城隍神一般具备清正廉洁、精忠报国、勤政为民等高尚的品格，萧何、曹参、韩愈、包拯、岳飞、文天祥等曾被一些地方作为土地爷供奉。

天地信仰是世界各族普遍的信仰，壮族的先民是“西瓯”“骆越”等，祭祀对象有山神、水神、土地神、灶神、太阳神等。景颇族的族源为氐羌部落，唐代被称为“寻传蛮”“裸形蛮”，该族相信日、月、风、云、雷、电都有灵魂；由濮人分化而来的布朗族崇拜土神、火神、雷神等。白族、彝族、纳西族等有“火把节”，已延续千年。

由天地崇拜出发，中华民族很早就形成了“天人合一”的观念，《周易·系辞传下》认为有天道、人道、地道，天、地、人谓之“三材”，也作“三才”。也就是天、地、人都有自己的运行规则，孔子说：“天何言哉，四时行焉，百物生焉，天何言载？”天不言不语，春夏秋冬四时照常运行，万物照常生长。《荀子·天论》也认为天的运行是遵循一定客观规律的，不会因为明君尧或者暴君桀而改变。天、地、人的关系是人效法地，地效法天，天效法自然，也就是老子《道德经》所说：“人法地，地法天，天法道，道法自然。”人类的活动应该适应自然规律。

天的运行刚健有力，体现了“自强不息”的精神；地承载万物，胸怀博大，体现了“厚德载物”的品德。做人与治国应如《孝经》所言“则天之明，因地之利，以顺天下”。天地都按规律运行，人们应从中体悟到它的至高品德，顺乎规律而为，中国人的天地观与道德观统一为一体。在处理人类与自然关系时，应遵循自然规律，《荀子·天论》说，这样就会社会大治，人们吉祥如意，否则就会出现祸乱与凶险。《齐民要术》中也要人们“顺天时，量地利”，这样不但用力少，而且成功多，否则会劳而无功。正是有了这样的认识与观念，中华民族遵循自然规律，与自然和谐相处，和谐共生，生生不息，使中华文明长盛不衰。

三、祖先崇拜

祖先崇拜是以灵魂观念和万物有灵观念为核心，形成祭祀、禁忌、神话等系列活动，共同构成了信仰体系。祖先崇拜的形式是多层次并存的，有血缘祖先崇拜、民族祖先崇拜等。其中，血缘祖先崇拜也就是对有血缘关系的家庭近祖与宗族远祖的崇拜和祭祀。民族祖先崇拜是对整个民族的始祖，为民族的发展做出巨大贡献的人物的崇拜和祭祀。中华民族的祖先传说是“三皇五帝”，“三皇五帝”包括哪些人呢？在不同的典籍中的说法不一，盘古、伏羲、女娲、黄帝、炎帝等是中华民族共同认同的祖先。

（一）伏羲女娲信仰

在《世本》《帝王世纪》《白虎通义》中，伏羲为三皇之一，在东汉应劭《风俗通·黄霸》中三皇是伏羲、女娲、神农，《周易》把伏羲列为五帝之一。

伏羲，在史籍中有宓羲、伏戏、伏牺、庖牺、包牺、牺皇、皇羲等不同的称呼与写法。伏羲大约生活在父系氏族社会，可能为一位原始部落的首领。

有关伏羲氏的记载，《周易·系辞传下》说：伏羲为天下之王的时候，他仰头观察天象的变化，俯身观察地理的变化，观察鸟兽纹理与地上适宜生存的事物，从近处取人体之象征，从远处取万物之象征，创造了八卦，用以贯通神明之德性，用以类比万物之情态。他发明用结绳的方法制作渔网，用以渔猎。可以看出，伏羲观天察地，积极学习与思考，然后创造人类所需，他被视为文明的创造者，因而被尊为“人文始祖”。

有关女娲的记载，东汉应劭《风俗通》说：天地刚开辟之时，没有人民，于是女娲抟黄土造人，工作非常繁重劳累，她没有那么多的力气与时间，就用绳子沾泥甩动，掉在地上的泥点变成了一个个人。在人们的心目中，女娲是人的创造者、婚姻规则的制定者，她还炼五色石补天，治理灾害，是人类的拯救者。

在中华大地上，诸如在甘肃天水、河南淮阳、山东济宁、台湾台北等地建有许多纪念伏羲、女娲的祠庙。可能在战国时期楚国的先王庙堂的壁画之中，就有了女娲的形象，屈原《楚辞·天问》："女娲有体，孰制匠之？"自战国时期开始，伏羲、女娲的形象被刻画在墓葬之中，从出土地看，中原、西南、西北、东北地区皆有出土，如山东、河南、湖北、安徽、四川、云南、甘肃、新疆、吉林等。从出土文物看，有楚帛画、汉画像石、麦积山石窟壁画、敦煌莫高窟壁画、吐鲁番帛画等。

在山东嘉祥武梁祠出土的古帝王画像石中，伏羲、女娲位列第一，其像铭曰："伏戏苍精，初造王业，画卦结绳，以理海内。"这就是说，伏羲是历史的开创者。画中，伏羲戴梁冠，手拿矩，女娲头梳高髻，二人尾部相交，尾部上方有一孩童，一手拉伏羲，一手拉女娲。

1960年，新疆吐鲁番阿斯塔那古墓群出土了唐代伏羲、女娲绢画。画面中，伏羲女娲人身蛇尾，伏羲持矩，女娲持叉状物。两人上身相拥，穿着红彩勾勒涂绘的衣服，衣袖飘扬，蛇尾相交。头顶有用红墨线绘制的日月星辰。

还有一幅画：伏羲、女娲均高鼻深目。伏羲为卷络腮胡、着对襟胡服、头戴胡帽的胡人形象。女娲头梳盘高的发髻，抹有腮红，头顶的太阳与尾部的月亮光芒四射，星星散布于整个画面上。

伏羲、女娲画像有汉人形象，也有胡人形象，其多种形象的出现是各民族文化交融的结果。伏羲属于哪一民族呢？有西方羌夏说、东方夷族说、南方苗蛮说之争论，而这些民族皆以伏羲为其始祖，总之，伏羲、女娲为中华民族的始祖。伏羲与女娲原为神话传说，随着时空的转换而变为信仰形态，以始祖神、保护神的形象被人们供奉、祭祀着。

（二）炎黄崇拜

炎帝，号神农氏，姜姓；黄帝，号有熊氏、轩辕氏，姬姓。对于炎黄的崇拜具有悠久的历史，夏商周时期就尊崇黄帝，《庄子·盗跖》说“世之所高，莫如黄帝”，即世上所推崇的，没有超越黄帝者。据《史记·封禅书》记载，秦灵公三年（前422年）在吴阳（今陕西陇县）作“上畤”“下畤”，也就是修建神祠祭坛，祭祀黄帝、炎帝。

西汉开国皇帝刘邦被附会成“赤帝之子”，也就是炎帝之子，被拥立为沛公之时，“祠黄帝，祭蚩尤”。汉武帝“祠黄帝于桥山”，桥山，在今陕西省黄陵县北。《史记·五帝本纪》记载：“黄帝崩，葬桥山。”刘秀即皇帝位，也祭祀了炎黄二帝。

据《魏书》记载，北魏帝王也多次祭祀黄帝。415年，北魏太宗明元帝登桥山，派遣使者“以太牢祠黄帝”；428年，北魏世祖太武帝以太牢之礼祭祀黄帝；460 年，北魏高宗文成帝至桥山，祭祀黄帝。

唐代帝王也祭祀不辍。宋太祖赵匡胤在 967 年建炎帝庙于湖北厉山，规定每三年举行一次祭祀活动。宋仁宗命坊州（今陕西黄陵）委派专人维护黄帝陵所植松柏。金代也是每三年举行一次大祭，据《金史·礼志》记载，在仲春之月，“祭伏羲于陈州，神农于亳州，轩辕于坊州”。

元代，伏羲与炎帝、黄帝被祭祀，从国都到各郡县都建庙学，这是国家制度。《元典章》规定，伏羲、神农创造万物，垂范后世，开天立极，立法作则，泽流万世，国家应有钦崇，在春秋二时祭祀。据《元史·祭祀志》记载，元朝泰定二年（1325 年），元朝廷专门颁布了保护黄帝陵庙的法令，使桥山黄帝陵有了法律保护，其碑现在仍存于陕西黄陵。

明代，明太祖洪武四年（1371），朱元璋认为“三皇继天立极，开万世教化之源”，元朝各地郡县通祀三皇，是亵渎三皇，应废除。对黄帝的祭祀活动重新做了规定：在京师建庙，祭祀三皇五帝，祭祀黄帝只能由皇帝或者皇帝所派遣的重臣主持举办，三年一大祭，祭文由皇帝亲自撰写。定时派官员祭祀黄帝陵，并设置了专门管理黄帝陵园的官员，官阶五品。明代祭祀黄帝十多次，致祭碑文现存于黄帝陵。祭祀炎帝也有十五次之多。清朝，顺治帝至光绪帝都祭祀过炎帝与黄帝，共举行了二十多次规模宏大的祭祀炎黄的活动。

孙中山就任中华民国临时大总统后，派代表赴黄帝陵祭祀。抗日战争时期，为了使国人“知所绍述，以焕发我民族之精神”，国共两党都祭祀了黄帝，号召四万万民众加入民族阵线，坚决抵抗，卫我国权。对炎黄的祭祀连绵不断，一直延续到现在。

由历代对炎黄的祭祀来看，无论是汉族还是少数民族，都尊黄帝与炎帝为先祖。炎黄是中华民族的共同祖先，是中华民族的精神标识，追思先祖，凝聚民心，对巩固民族团结与中华民族共同体意义深远。

四、宗教信仰

人类在认识世界和改造世界的过程中，创造了神秘的宗教文化，从崇拜自然、动物、植物、鬼魂、祖先，进而崇拜神灵、英雄等，促进了人类意识的发展与社会文化的繁荣。

（一）道教信仰

道教创始于东汉中后期，是中华民族的本土宗教，是在鬼神观念、神仙思想、黄老思想、巫术、方术等基础上形成的。创始人是张道陵，以中华民族的黄帝与道家的创始人老子作为祖师，有多个支派。

魏晋南北朝时期，道教有了很大的发展，走向成熟。两晋时期的葛洪撰述了《抱扑子》，力证神仙的存在，宣扬人可以通过修炼成仙，建构了各种修炼成仙的方法。他还用儒家思想诠释道教神学，提出修道者要遵照儒家伦理道德规范。这就改变了早期道教救世度人的精神，转而注重个人的度世成仙，追求长生。《抱扑子》成为最主要的道教理论著作之一。

南朝刘宋道士陆修静在南方改造道教组织，收集整理道教经籍，编成《三洞经书目录》，进一步完善了道教科仪，也就是道教法术操作仪式。陆修静改造的道教被称为南天师道。萧梁时的陶弘景，构建了一整套等级分明的道教神仙谱系，并叙述道教传授历史，主张儒、佛、道三教合流，促进了道教理论的统一和系统化。

寇谦之在北魏太武帝支持下，系统改革了天师道，整顿组织，制定“以礼度为首”的戒律，主张道徒应该遵守儒家道德规范忠、孝、仁、义，规范了斋仪。经过寇谦之改革后的北方道教，称为北天师道，在北朝政治中具有重要影响。

李唐王朝的帝王以老子李耳的后裔自居，积极扶植道教，规定道教的地位居于儒、佛之前，企图借助神权来巩固统治。乾封元年（666 年），唐高宗追封老子为太上玄元皇帝；天宝二年（743 年），唐玄宗进一步尊老子为大圣祖玄元皇帝。唐代还令人画老子像颁于天下，要求生徒皆学习《老子》《庄子》，唐玄宗还派人编纂《道藏》。

在宋代，道教的政治地位高于佛教。北宋政和三年至八年（1113—1118年）完成中国历史上第一部刻印道教总集《万寿道藏》，宋徽宗自称为“教主道君皇帝”。金元时期，道教兴盛，全真道的规模与影响最大。全真道融汇儒、佛、道精华，观照人的内在精神成长，倡导“普度众生、先人后己”，拯救社会，净化社会。全真教第五任掌门丘处机接受了元太祖成吉思汗的召见，劝导正在西征的成吉思汗要修德，去暴力止杀戮。至元六年（1269年），元世祖忽必烈赐丘处机“长春演道至教真人”之号。明清时期，道教世俗化，日益衰落。

从道教发展的历史看，道教由汉族创造，也得到许多少数民族的信奉，如瑶、白、仫佬、土、土家、壮、布依、纳西等民族把汉族道教文化与本民族宗教文化相结合，发展成具有本民族特色的道教，有众多信仰者。道教的神包括各民族、各地区原来的地方神、民俗神和行业神等，体现了民族的融合。道教经籍的内容涉及历史、哲学、天象、医学、冶炼、历算等，蕴涵着中华传统文化的精华；道教宫观具有很高的文物价值，是中国悠久历史的反映，是文化的载体。

（二）佛教信仰

佛教创始于印度，一般认为，西汉末年传至内地。东汉初年，佛教开始流传于统治阶级之中，如刘秀之子楚王刘英就崇信佛教，供养着一批僧人。

东晋十六国之后，佛教有了长足发展。佛教汲取了中国传统文化来丰富和完善自身，尤其是儒家文化中的孝文化，中国化程度加深。上至王公帝王，下至一般平民百姓，很多都是佛教的虔诚信众。北朝北魏皇族信仰佛教，开凿了著名的云冈石窟、龙门石窟。南朝梁武帝早年奉道，中晚年崇信佛教，曾三次（一说四次）舍身寺院，国家不可一日无君，每次大臣都花钱把他赎回来。

隋唐时期，宗教政策宽松，儒、佛、道三教并存，除唐武宗时期采取了灭佛政策外，其他帝王都倡导佛教。形成发展了诸多汉传佛教派别，如天台宗、律宗、净土宗、法相宗、华严宗、禅宗等。

辽、西夏、金时期，佛教都有一定发展，佛教成为少数民族政权与中原地区民族交往和文化交流的载体。西夏在统治河西走廊期间，注意用汉、回鹘、吐蕃等族普遍信仰的佛教教化各族民众，缓和阶级矛盾和民族矛盾，推动民族和谐，保证边塞安宁。

佛教虽然是外来宗教，但为了在中国得到发展，吸引中国信众，吸收了大量的中华文化元素，已然中国化，成为中华文化的一部分。佛教文化使中国的绘画、雕塑、音乐、舞蹈等方面有了新的发展，更加灿烂；还带来了医学、音韵学、逻辑学方面的知识，佛教典籍、洞窟、雕塑、绘画等成为中华宝贵的精神与文化遗产，极大地丰富了中国人的精神文化生活。

在历史上，各民族的宗教信仰是复杂的、兼容并蓄的，一个民族可能信仰多种宗教，也可能多个民族都信仰某一宗教。宗教的思想、仪式及宗教信仰都是变化的，具有时代特色。共同的宗教信仰促进了民族间的交流，民族知识和文化的传播与发展。统治者对于宗教多采取宽容的政策，利用宗教调解民族矛盾，聚拢人心，安定社会。宗教思想、典籍、建筑等丰富了中华民族的文化，推动了文明的进步。宗教信仰具有麻醉人精神的一面，应采取科学态度，辩证对待，积极地进行正确引导。

第四节　文学与艺术的民族交融

中华民族的文学艺术灿烂辉煌，多姿多彩，是各民族共同创作的，是由汉民族文学艺术与少数民族文学艺术共同组成的。民族融合滋养了文学艺术的发展，丰富了文学艺术的内容与形式；文学艺术对民族融合具有促进作用，发挥着文化共同体建构功能，陶铸民族文化性格，促进社会文明的进步，这是为人类文明发展史所证明的。

一、文学的民族交融

中华民族的文学种类繁多，题材广泛，文学作品汗牛充栋。汉族文学以书面文学与作家文学为主，少数民族文学以口头文学与民间文学为主。文学是中华各族间精神文化交流的桥梁，常常在不经意之间，便身不由己地被感染，单纯蕴涵某一民族元素的民族文学标本几乎不存在。

（一）族群融合的集中反映——《诗经》

《诗经》是中国第一部诗歌总集，共三百零五篇，为西周至春秋中期约五百年间的作品，分为“风”“雅”“颂”三类。

《诗经》的成书是由周代的采诗官到民间采录，也有官员向天子所献的诗歌，再由乐官整理编辑而成。后来又经孔子整理，并作为教材教授学生。《诗经》的传播与接受，集中反映了西周、春秋时期各地区各民族的文化交流与族群融合。

《诗经》中也有许多反映民族融合的内容：一是民族联姻，《大雅·大明》有“挚仲氏任，自彼殷商，来嫁于周”，文王之母太任为殷商的附属国挚国人；文王迎娶殷商帝乙之妹，两人是“天作之合”，“缵女维莘”，又娶了莘国的太姒。二是民族战争，《大雅·绵》反映周太王古公亶父带领族人迁移到了肥沃的周原，为了防御戎狄的侵扰，“百堵皆兴”，“乃立皋门，皋门有伉。乃立应门，应门将将。乃立冢土，戎丑攸行”，在周原建设起高大雄伟的宫室城邑。周族强大起来，“混夷駾矣”，昆夷惊慌逃遁了。周文王修善德，“虞芮质厥成”，也就是调和虞、芮两国争夺田地的矛盾，使虞、芮感动归附。三是民族间迁徙，由于自然灾害、政治动乱与战争等因素，各国各民族间的迁徙比较频繁。《卫风 · 河广》描写了一位宋国人旅居于卫国，他非常思念家乡。其文曰：“谁谓河广？一苇杭之。谁谓宋远？跂予望之。谁谓河广？曾不容刀。谁谓宋远？曾不崇朝。”

意思是：谁言河水宽广？一支芦苇即可渡过。谁言宋国遥远？踮起脚跟即可望见。谁言河水宽广？其间难容一只小船。谁言宋国遥远？过去尚能吃早饭。因为他回故乡的心情特别急迫，在他眼中，任何艰难险阻都能克服，宽广的河水也变得狭窄，可以轻易通过。

《诗经》是中国文学的光辉起点，开创了写实的传统、抒情的传统、赋比兴的表现手法等，影响了后世中华各民族的创作。诗成为中国文学领域的主要体裁，中国成为“诗的国度”。楚辞、汉赋、唐诗、宋词、元曲等无不以《诗经》为源头。

（二）汉族文学对少数民族文学的影响

汉族文学是中华民族文学的主体，少数民族文学深受汉族文学的影响。汉族的古典名著、名剧、民间传说故事在少数民族地区广泛流传，有的甚至家喻户晓，被接受，被改编成反映本民族的价值观与审美观的作品，如梁山伯与祝英台的故事，就有壮族、布依族、侗族等版本。在壮族版梁祝故事中，祝英台是壮族姑娘，两人在广西柳州同窗读书，表达的思想内容是反土司。

汉族文学的典范影响着各族文人的思想、情感与写作。元好问，字裕之，号遗山，太原秀容（今山西忻州）人，鲜卑拓跋氏后裔。元好问生活在金末元初，置身于民族文化交叉点上，他“将汉文化传统和北方民族传统融而为一，纠正了北宋文学的某些流弊，推动了中国文学的健康发展，成为金代文学的重要参照系，而且为北雄南秀、异彩纷呈的中华文化增添了新的因子，注入了新的活力”①。元好问的诗祖法李白、杜甫，后人把元好问与宋代苏轼、黄庭坚、陆游并称为宋金四大家。

元好问的诗学思想代表金代诗学的最高水平，他的《论诗绝句三十首》，“疏凿泾渭”，分辨诗体正伪，理清诗坛的真伪，对曹魏建安时期至宋代不同风格、不同审美取向的诗家进行分析批判与评价。他以儒家诗教理论为基础，又汲取、借鉴禅学与老庄的思维方法，形成了通达的诗学观念。这是少数民族诗人对汉文学的接受、认同与创新的表现。

① 周惠泉：《元好问研究发微》，《社会科学战线》1990年第3期。

（三）少数民族文学丰富了中华民族文学宝库

少数民族文学是中华民族文学的重要组成，各个少数民族的文学作品都具有民族特色，独具魅力，是该民族形成与发展的历史图卷。

少数民族文学也为汉族所喜爱，其精华也渗透到了汉族文学之中，丰富了中华民族文学。如《敕勒歌》为我们展现了一幅苍茫辽阔的画卷，气势雄健奔放，酣畅淋漓。历代文人对此歌的奇妙赞叹不已，元代元好问评论说："慷慨歌谣绝不传，穹庐一曲本天然。中州万古英雄气，也到阴山敕勒川。"

又如，西南夷的《白狼歌》，又名《白狼夷歌》《白狼歌诗》，记载在《后汉书·西南夷列传》《东观汉记》等典籍之中，是东汉明帝永平年间（58—75 年）西南夷白狼等部族所作，表示自愿臣属汉朝，希望与中原各民族友好往来，和睦相处。《白狼歌》包括《远夷乐德歌》《远夷慕德歌》《远夷怀德歌》，用汉语与白狼语书写，进行对译。《远夷怀德歌》曰："荒服之外，土地垗埆。食肉衣皮，不见盐谷。吏译传风，大汉安乐。携负归仁，触冒险陕。高山岐峻，缘崖磻石。木薄发家，百宿到洛。父子同赐，怀抱匹帛。传告种人，长愿臣仆。"

再如，壮族先民的《越人歌》："今夕何夕兮，搴舟中流，今日何日兮，得与王子同舟。蒙羞被好兮，不訾诟耻。心几烦而不绝兮，得知王子。山有木兮木有枝，心悦君兮君不知。”

汉族文学中的民间长诗较少，而少数民族的民间长诗则比较发达，中国少数民族有三大史诗：藏族英雄史诗《格萨尔》、蒙古族英雄史诗《江格尔》、柯尔克孜族英雄史诗《玛纳斯》，其中《格萨尔》是世界最长的史诗，长达200万行。少数民族的这些史诗可以与《荷马史诗》相媲美，极大地弥补了汉族民间诗歌和长诗偏少的缺憾，使中华民族文学的体系构成更加完整。

少数民族的神话也较为完整，情节曲折，角色奇特。如盘古神话，盘古是南方民族的创世神，有的认为是壮侗语族诸族的始祖，有的认为是南方蛮族的始祖，盘瓠就是盘古，是苗族、瑶族、畲族的祖先。秦汉以前的古籍并没有盘古的记载，就目前所知，最早的记载在三国时期吴国人徐整所著《三五历纪》《五运历年纪》之中。

《三五历纪》记载，天地浑沌一体如鸡蛋，盘古在其中孕育生长。经过一万八千年，天地开辟，阳清上升为天，阴浊下降为地。盘古在天地间，一日多次变化，神圣于天地。天每日升高一丈，地每日增厚一丈，盘古每日长一丈，如此又过了一万八千岁。天变得极高，地变得极深，盘古极高大。然后才有了三皇。故天地相距九万里。

《五运历年纪》记载，天地之间首生盘古。他垂死之时身体发生了变化：他呼出的气变成风云，声音变为雷霆，左眼变为日，右眼变为月，四肢五体变为四方的边际与五岳，血液变为江河湖海，筋脉变为大地纹理，肌肉变为田土，毛发变为星辰，皮肤变为草木，齿骨变为金石，精髓变为珠玉，汗流变为雨泽。身上的各种寄生虫，凭借风的感化变为黎民百姓。

其后，南朝梁代任昉的《述异记》也有记载，盘古神话被纳入中华民族创世神话系统之中，他开天辟地，身体化为风云雷霆、日月星辰、五岳、江河与田地，身上诸虫化为人类，盘古成为中华民族的创世神。

从中国现存第一部诗歌总集《诗经》起，中华文学就打上了民族交融的印记。汉族文学在少数民族地区传播，对少数民族文学的创作产生深刻的影响，汉族地区也流传着少数民族的文学作品。中华各民族文学的交融，使文学体裁更加多样，内容更加丰富，中华文学宝库更加绚丽多彩。

二、艺术的民族交融

中华民族的艺术成就璀璨夺目，也是由各族人民共同创造的。中华民族自古就是能歌善舞、精于绘画的民族。

（一）舞蹈

中华民族的舞蹈有着悠久的历史，出土文物证明，在新石器时代，中国的先民已经用舞蹈来表情达意了。1973 年在青海省大通县孙家寨出土了舞蹈纹彩陶盆，距今七八千年，盆上有三组舞蹈者，每组五人，手拉手正在载歌载舞，具有很高的历史价值与艺术价值。

中国的舞蹈千姿百态，在舞蹈发达的唐代，教坊乐舞中有健舞、软舞、字舞、花舞、马舞等。其中既包括汉族的传统舞蹈，也包括少数民族的舞蹈，如胡旋舞、胡腾舞、柘枝舞、高丽舞等。

胡旋舞，来自康国（今中亚细亚撒马尔罕）。康国属于昭武九姓之国，昭武九姓指康、安、石、曹、米、何、史、火寻和戊地九个粟特人国家。相传其祖先是月氏人，原居住在祁连山之北的昭武城（今甘肃临泽），后来为匈奴所迫，迁至今中亚锡尔河以南至阿姆河一带。粟特人善于商贾，在丝绸之路上特别活跃，有很多内迁定居者，唐朝平定西突厥后，曾归顺于

舞蹈纹彩陶盆

唐朝。

《通典》有康国乐的记载，跳胡旋舞者穿着“绯袄、锦袖、绿绫浑裆裤、赤皮靴、白裤”，在笛鼓、正鼓、小鼓、和鼓、铜钹和琵琶等乐器伴奏下起舞。舞者多为女子，也有男子，有独舞，也有二人至四人同舞的。这种舞以快速旋转为特点，《新唐书·礼乐志》说：胡旋舞舞者立于毯子上，“旋转如风”。

很多关于胡旋的诗中都有描写，白居易《胡旋女——戒近习也》：“胡旋女，胡旋女。心应弦，手应鼓。弦鼓一声双袖举，回雪飘飖转蓬舞。左旋右转不知疲，千匝万周无已时。人间物类无可比，奔车轮缓旋风迟。曲终再拜谢天子，天子为之微启齿。胡旋女，出康居，徒劳东来万里余。中原自有胡旋者，斗妙争能尔不如。天宝季年时欲变，臣妾人人学圜转。中有太真外禄山，二人最道能胡旋。”元稹的《胡旋女》说：“胡旋之义世莫知，胡旋之容我能传。蓬断霜根羊角疾，竿戴朱盘火轮炫。骊珠迸珥逐飞星，虹晕轻巾掣流电。潜鲸暗噏笡波海，回风乱舞当空霰。万过其谁辨终始，四座安能分背面。”

我们在敦煌莫高窟的壁画中还有幸能看到胡旋舞图像，在初唐220窟北壁《东方药师净土变》中，四个舞伎分别起舞，右边一对头戴宝石冠，头发散开，上身赤裸，佩戴璎珞、臂钏和手镯，下穿宽大的长裙，双臂挽着长绸，做大幅度平转的动作。初唐341南壁《西方净土变》中的舞伎也在快速旋转，长带绕身数匝，自然形成各种奇妙的“巾花”。

胡腾舞，来自昭武九姓之石国（今乌兹别克斯坦塔什干一带），这种舞蹈受到唐人喜爱，在唐代各地非常流行。其特点是动作踢蹬腾跳，节奏急遽，多取圆形，所谓“环行急蹴，跳身转毂”。也有一些以此舞为题材的诗歌，如刘言史《王中丞宅夜观胡腾舞》：“石国胡儿人见少，蹲舞尊前急如鸟。织成蕃帽虚顶尖，细氎胡衫双袖小。手中抛下蒲萄盏，西顾忽思乡路远。跳身转毂宝带鸣，弄脚缤纷锦靴软。四座无言皆瞪目，横笛琵琶遍头促。乱腾新毯雪朱毛，傍拂轻花下红烛。”李端有《胡腾儿》：“胡腾身是凉州儿，肌肤如玉鼻如锥。桐布轻衫前后卷，葡萄长带一边垂。帐前跪作本音语，拾襟搅袖为君舞。安西旧牧收泪看，洛下词人抄曲与。扬眉动目踏花毡，红汗交流珠帽偏。醉作东倾又西倒，双靴柔软满灯前。环行急蹴皆应节，反手叉腰如却月。丝桐忽奏一曲终，呜呜画角城头发。”舞者为“石国胡儿”，来自凉州，也就是今武威人，他“肌肤如玉鼻如锥”，也应是胡人。整体来看，舞者可能先饮酒一杯，然后抛下酒杯开始跳舞。头戴尖顶蕃帽，帽子上缀着珠子；身穿窄袖胡衫，前后衣襟卷起来，腰束绘有葡萄花纹的长带，一端下垂，会随着舞动而飘扬；脚穿柔软华丽的锦靴。舞步节奏急遽多变。

有些来自西域的舞蹈与唐代乐舞相结合，形成新的舞蹈，如来自西域的《浑脱》与唐代不同的乐舞相结合，形成了如《剑器浑脱》《竿木浑脱》《醉浑脱》《羊头浑脱》。

唐玄宗开元五年（717 年），尚在幼年的诗圣杜甫曾在今河南郾城看过公孙大娘跳《剑器浑脱》，流畅飘逸，节奏明朗。当年她貌美如玉，身穿华丽锦衣，超群出众，冠于一时。在代宗大历二年（767 年），杜甫在夔府别驾元持家中，观看公孙大娘的弟子李十二娘跳剑器舞，舞姿矫健多变，引人入胜。杜甫听说唐代著名书法家张旭，经常观看公孙大娘跳一种《西河剑器》舞，从中获取了启发，使他的草书书法大有长进，豪放激扬。杜甫抚今追昔，感慨无限，写下了《观公孙大娘弟子舞剑器行》："昔有佳人公孙氏，一舞剑器动四方。观者如山色沮丧，天地为之久低昂。㸌如羿射九日落，矫如群帝骖龙翔。来如雷霆收震怒，罢如江海凝清光。绛唇珠袖两寂寞，晚有弟子传芬芳。临颍美人在白帝，妙舞此曲神扬扬。与余问答既有以，感时抚事增惋伤。先帝侍女八千人，公孙剑器初第一。"

（二）音乐

中华民族音乐的历史也源远流长，在河南舞阳县贾湖遗址出土了 40 多支骨笛，距今约 9000 年至 7500 年，骨笛用丹顶鹤等禽类的尺骨制成，M282 号墓葬出土的一支骨笛长 23.6 厘

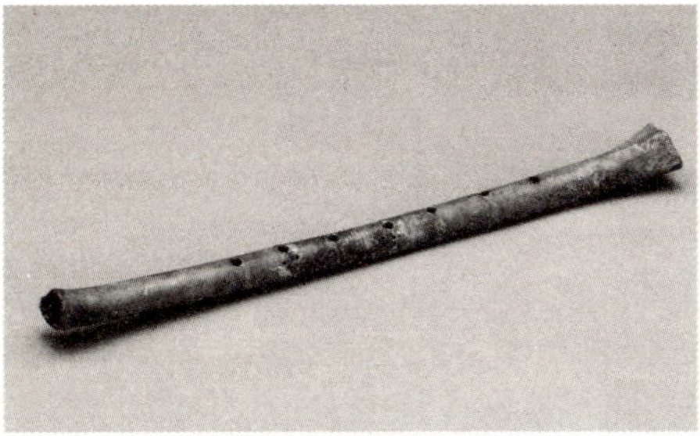

贾湖骨笛

米，七孔，也有五孔、六孔、八孔，晚期出土者可以吹奏出七声音阶和变化音。骨笛是迄今为止中国发现的时代最早的管乐器，是中华民族音乐文明史上的奇迹。

在陕西临潼仰韶文化半坡遗址、姜寨遗址，则出土了陶埙，距今 6000 多年，能吹出六个音，证明中国古乐不止宫、商、角、徵、羽五音。

在湖北随县（今随州）出土的战国时代的曾侯乙编钟，是大型打击乐器，共六十五件，三层，上层为钮钟，中层、下层为甬钟，铸造精美，气势恢宏，保存完好，一钟双音，音域宽广，十二个半音完备，能够旋宫转调，演奏古今中外许多乐曲。钟上铭文记载有先秦时期的音乐学理论。曾侯乙编钟是我国乐器史上的重大创造，具有重要的价值，是中华民族光辉灿烂的古代文明的见证。

战国曾侯乙编钟

少数民族的乐器也琳琅满目，异彩纷呈，结构完整，我们熟知的中国民族乐器中的二胡、琵琶、胡笳、箜篌、筚篥等都是来自少数民族的乐器。

二胡，擦奏弦鸣乐器，北方民族奚的乐器，在唐代时通过西域胡人传入，故称“胡琴”。宋代称“嵇琴”，因在江南流传，也称“南胡”。后来又发展衍生出了二胡、中胡、京胡、坠胡、板胡等十几个品种。在乐队中，二胡既能独奏，也适合合奏。可演奏细腻深沉、柔美抒情、欢快活泼等多种风格的乐曲，极富艺术感染力。我国著名的二胡演奏家是无锡民间艺人阿炳，其代表作为《二泉映月》。

琵琶，弹拨乐器。秦朝时，即在民间流传着一种圆形带长柄的乐器，称“批把”，一作“枇杷”。东汉刘熙《释名·释乐器》解释说：“批把，本出于胡中，马上所鼓也。推手前曰批，引手却曰把。象其鼓时，因以为名也。”也就是说，批把是在马上弹奏的乐器，向前弹为“批”，向后挑为“把”，时人以演奏技法命名。而在秦汉至唐期间，多种弹弦乐器都统称为琵琶。

西晋傅玄《琵琶赋序》记载了一种琵琶：汉朝皇帝把乌孙公主嫁给乌孙王时，考虑到她会在遥远的路途中思念家乡，于是命懂音乐之人，综合参照筝、筑、箜篌几种乐器制作了一种乐器，可以在马上弹奏。这种乐器中虚外实，仿照天地形象；圆形音箱，直柄，合乎阴阳；四弦，取法四时；十二柱，匹配律吕；竖抱，用手弹奏。竹林七贤之一晋代阮咸擅于弹奏此类琴，故也称阮、阮咸。

据《隋书·乐志》记载，东晋时期，曲项琵琶由波斯经新疆、甘肃传入我国北方，南北朝时期传至南方。当时曲项琵琶为四弦四柱，梨形音箱，横抱，用拨子弹奏。

唐代，传统的直项琵琶和传入的曲项琵琶相互融合，使琵琶发生了重大变革：曲项，梨形，用手弹奏，十四柱，竖弹。在演奏中，琵琶也有了飞跃性的发展，成为唐代歌舞大曲的重要领奏、伴奏乐器，独奏艺术也得到很大发展。琵琶的代表曲目有《春江花月夜》《汉宫秋月》《十面埋伏》等。

中华民族的音乐形式多姿多彩，其中一些就是民族融合的结晶，“花儿”是典型的例证。

“花儿”，又称“野曲”“少年”，是中国甘肃、青海、陕西、宁夏与新疆等地区的一种民歌体裁。流行于回、汉、土、东乡、保安、撒拉、藏、裕固等多个民族之中。

花儿源于古羌族牧歌，是游牧民族和农耕文化融合的产物。生活在青藏高原和黄土高原交汇地带的古羌族创造了古羌族小调，随着汉族的西迁，与古羌族交流融合，逐渐形成花儿最早的雏形：沿用古羌族优美小调，采用汉文字填词。

隋唐时期，陆上丝绸之路繁荣，花儿的起源地河州（今甘肃临夏）正处于丝绸之路上，这里逐渐变成了一个多民族共存的区域，花儿汲取了更多民族优秀文化养分，成为受多民族喜爱的艺术形式。元代至明代，河州形成了回族人聚居，多民族共存的局面，花儿又加入了伊斯兰文化的元素。因此，花儿是多个民族共同创造的，是多种文化融汇而成的艺术之花。

受自然环境、社会条件与民族文化等多种因素的影响，各地区各民族的花儿带有地区与民族特色，根据民族风格可划分为回族花儿、撒拉花儿、保安花儿，等等。虽然花儿有风格的差异，但花儿把不同民族、不同宗教、不同习俗的民众聚合到花儿演唱声音之中，加强了民族间的认同与团结。

燕乐，即宴乐，是宫廷宴饮时供欣赏与娱乐的音乐的统称。隋文帝时的燕乐是七部乐，隋炀帝时扩充为九部乐，唐太宗时形成十部乐宫廷燕乐体制。隋唐时期燕乐的特色就是多民族音乐并存，风格多样，有汉族音乐、少数民族音乐以及来自外域的音乐。具体而言主要有三个方面：一是中原“华夏正音”《清乐》，是汉魏以来采集收入乐府的；二是自汉魏以来西域各国传入的音乐，包括《龟兹伎》《康国伎》《疏勒伎》《安国伎》《天竺伎》《高丽伎》；三是融合而成的新乐，包括汉族与其他民族、其他国家融合而成的音乐，如《西凉伎》。

《西凉伎》，前秦时期在凉州一带兴起，本名“秦汉伎”；继而在北魏、北齐、北周、隋、唐各代流行，成为宫廷燕乐七部伎、九部伎中的一部。《西凉乐》的艺术源头是以龟兹乐为主的“羌胡之声”与魏晋清商旧乐结合的产物。

西晋末年，中原大乱，少数民族纷纷内迁，清商旧乐在中原消失，而当时的凉州（今甘肃武威）在西晋刺史张轨及其建立的前凉政权的统治下，相对安定，中原流民纷纷迁居于此，于是清商旧乐在这里得以保存。前秦苻坚、后凉吕光时，有人把“中国旧乐”和龟兹乐融合起来创制了《西凉乐》。

（三）绘画

中华先民在远古时期，就在岩石、陶器上作画了。先秦两汉时期，在神庙、宫殿、官署等处有壁画，还有帛画、画像石、画像砖、漆画等。南北朝时期兴起了卷轴画，隋唐时期中华民族的绘画艺术逐渐走向成熟。宋代是中华民族绘画史上的兴盛时期，设置宫廷画院，精美佳作集中涌现。辽、西夏、金、大理等政权的绘画风格深受唐、五代与宋的影响。

中华民族的杰出画家层出不穷，顾恺之、陆探微、张僧繇，李思训、李昭道、阎立本、吴道子，苏轼、张择端、宋徽宗、米芾，赵孟頫、黄公望，沈周、文徵明、唐寅、仇英、董其昌，朱耷、石涛、郑板桥，吴昌硕、陈师曾、齐白石、黄宾虹、徐悲鸿、刘海粟，等等，不可尽数。

中国的绘画艺术成就是无与伦比的，令世人叹服。中华民族色彩斑斓的绘画史是由多民族画家共同绘就的。

曹衣出水，最初是曹仲达所创造的绘制佛像的样式，其画缜密、细柔，衣纹线条皴绉仿佛紧紧贴在身上，犹如刚刚出水一样。到了唐代，人们称这种画风为“曹衣出水”。

曹仲达，唐代张彦远《历代名画记》卷八有记载，本是昭武九姓中的曹国（今乌兹别克斯坦撒马尔罕）人，生活于6世纪，可能历经北齐、北周、隋三朝，官至朝散大夫。

曹仲达善于画梵像，也长于画肖像。他吸收了印度绘画艺术的技法，也曾向刘宋时的著名画家陆探微的门人袁倩等中原画家学习，故其画又融入了中原的画风，被称为“曹家样”，特色是“其体稠叠”“衣服紧窄”“曹衣出水”，薄衣贴体。这种风格成为影响北朝至隋唐时期佛教艺术的主要风格之一。

曹仲达的画作虽没有流传下来，但从北朝保存下来的佛像造型和敦煌的一些壁画中，还可以领略曹家样的风格。如，在山西沁县南涅水村出土的北齐时的《菩萨身躯》，阳刻线条雕刻出长长下垂的衣纹，线条清晰，有透明的丝质感，菩萨身躯亭亭玉立。

尉迟乙僧，于阗（今新疆和田）贵族，一说是吐火罗人，父亲为隋代著名画家尉迟跋质那，当时人称为大尉迟，乙僧被称为小尉迟。唐贞观年间，尉迟乙僧被于阗国推荐给唐太宗，任宿卫职，又得封郡公。

尉迟乙僧擅画人物、花鸟、肖像、佛像，尤其擅长壁画。其画有本民族的艺术特点，唐代绘画评论家朱景玄在《唐朝名画录》中评论说："功德、人物、花鸟，皆是外国之物象，非中国之威仪。"

尉迟乙僧并不拘泥于本民族的画法，他把中原传统画风中的线描技术与西域的色彩晕染画法结合起来，用线"屈铁盘丝"，施色"堆起绢素"，画面色彩丰富，层次分明，立体生动，创新了凹凸画法。其画精妙不可名状，千态万状。这种凹凸风格的画法丰富了唐代的绘画艺术，也被很多画花鸟的画家采用，使画更加形象生动。

也有中原画家拜尉迟乙僧为师，学习西域画。明人张丑在《清和书画舫》中评论尉迟乙僧所画天王小像："笔法清圆，穷工极妍。"他可以与著名画家东晋顾恺之、南朝刘宋陆探微为友，可以与唐代著名画家阎立本、吴道子比肩。

中华民族的艺术极其丰富，留下了大量的舞蹈与音乐方面的诗词等文献，也有考古出土文物的实证；中华民族的绘画史长廊琳琅满目，成就斐然。中华民族的艺术因各民族的交融而风格更加多样，创作者思维更加活跃，博采各族艺术精华，创作出众多流传千古的佳作，是中华民族文化的精髓，是宝贵的精神财富。

第五章

中华民族风俗习惯的交融

中华各民族在形成与发展过程中，形成了各具特色的生活习惯与风俗。这是民族特征，也是价值观念与审美意识的体现。同时，中华各民族也吸收了其他民族风俗的有益成分，相互融合，既保留了鲜明的民族特色，又灵活地融入了其他民族风俗。

第一节　生活的民族交融

中华各民族的分布特点是交错聚居，加上民族间的通婚、交往交流，各民族在饮食、服饰、妆容与生活用具等方面相互借鉴、相互渗透，各族人民的生活交融在一起。

一、民族间联姻通婚

中国是多民族构成的国家，民族与民族之间的通婚历史源远流长。统治者为巩固统治而与少数民族实行政治联姻。

帝喾是传说时期的部族首领、古帝王，号高辛氏。据《史记·五帝本纪》可知，他曾与多个部落联姻，其中有四位妃子所生的儿子曾拥有天下。元妃是有邰氏之女名姜嫄，其子后稷，是周朝的始祖；次妃有娀氏之女名简狄，其子卨，即契，是商朝的始祖；次妃陈锋氏之女名庆都，其子放勋，也就是古帝王尧；次妃鲰訾氏女名常仪，其子帝挚，在帝喾死后即位。

晋国，春秋时期的姬姓诸侯国，始祖为周武王之子叔虞。晋国国君也曾与不同民族进行通婚。晋献公与戎女狐姬、骊姬为婚，狐姬生子为晋文公，晋文公与狄女季隗结合，则他们的后代就有了戎、汉、狄三种血统。

李唐皇族的血统历来为人们所关注。从《新唐书·宗室世系表》的记载看，李唐称李氏先祖为十六国时期的西凉王李暠，其世系为：李重耳—李熙—李天赐—李虎—李昞—李渊—李世民。李熙为鲜卑族政权北魏的金门镇将，李虎协助鲜卑族宇文泰建立西魏政权，被赐鲜卑姓大野氏，位列八柱国之一，死后追封唐国公；李渊之父李昞，袭爵唐国公，官至后周安州总管、柱国大将军。所以李唐的祖先长期生活在少数民族聚居的地区，在少数民族政权中为官，思想观念、生活习惯深受胡风影响。

李唐家族在发展中也与少数民族联姻，融入了胡族血统。李昞娶独孤氏，独孤氏族源为匈奴，是拓跋鲜卑部落联盟的成员。李渊娶窦氏，窦氏族源为匈奴的没鹿回部，后改为纥豆陵部，世代为部落大人。在北魏孝文帝时，大概因其姓中有“豆”的发音，才将纥豆陵氏改为窦氏。李世民娶长孙氏，长孙氏族源为鲜卑族。

由于各民族的迁徙，形成民族间大杂居、小聚居的居住状态，各民族的经济、文化、生活交流逐步加深，跨越民族的界限，民族间相互通婚是必然的。

榆林窟第 38 窟西壁的《婚礼图》为我们保存了珍贵的汉族与回鹘族通婚的生动图像：画面左侧的帐篷下面坐着宾客，穿回鹘装与穿汉装的男女同桌而坐、交谈。帐篷前一男子正面对一位手拿团扇的女子起舞。靠近新郎与新娘的地方有一三角支架托着圆镜，镜前有对大雁仰首对着宾客，象征夫妇和睦有序，感情忠贞。帐篷外正前方的帷幔内，婚礼正在举行，新郎头戴幞头，穿着汉式袍服，双手持笏板，正在跪拜行礼；新娘头戴桃形凤冠，项饰瑟瑟珠，是回鹘人。礼毕，新郎引导已经换了汉服的新娘走向青庐。青庐，由很多枝条构架，外面遮上青布，名“百枝帐”，也就是“百子帐”，是少数民族的穹庐

榆林窟第 38 窟西壁《婚姻图》

与汉族多子多福观念的融合。

在中华民族的发展过程中，各民族互相通婚，使民族间血脉相通，生活交融，互相认同。所以中华民族是一个融合而成的民族，各民族你中有我，我中有你。

二、饮食、服饰、妆容、生活用具的交融

（一）饮食

中华民族的饮食品种繁多，各民族各地区在饮食的原材料、种类、烹制方法、饮食习惯等方面有着各自的特色，其形态是多元的，形成著名的鲁菜、川菜、粤菜、闽菜、苏菜、浙菜、湘菜、徽菜、京菜、鄂菜十大菜系。在发展过程中各民族的饮食也相互影响，相互渗透，交融组合，发展成为博大精深的中国饮食文化。

饮茶起源于何时？可能在传说的神农时代，人们已经开始采集野生的茶了。然后渐渐发现茶有止渴、助消化、提神、消除腻味与瘴气等功效，西南地区的人们可能最初正是利用茶饮来消除瘴气与热毒的，时间久了就演变成了习惯，所谓积久成习。茶树也被驯化成为栽培植物。

秦国征服巴蜀，发现这里有饮茶之习。汉代，茶作为供品进入汉都长安，饮茶者应主要是贵族。三国魏晋时，长江下游已普遍种植茶树，形成饮茶之风。中唐之后，饮茶之风在北方

迅速广布开来，据唐代《封氏闻见录》卷六记载，在唐玄宗开元时，泰山灵岩寺有一位降魔师，大力宣讲禅教，学禅的时候，务求不困倦、又不吃夕食，他赞许大家饮茶。于是人们各自挟带着，到处煮饮，从此转相仿效，遂成风俗。而且，在唐人的熏染下，嗜饮之风又很快流行于西北广大少数民族地区。明清以降，饮茶成为国民习俗。

奶茶，是用茶、牛奶或羊奶煮开，放少许盐、奶皮调和的饮品。古代的奶茶是如何制作的呢？

唐代人饮茶一般都加入苏椒、姜、盐、酪等物。据唐樊绰《蛮书》记载，蒙舍蛮，甚至加入椒、姜、桂烹制茶饮。宋朝时仍旧有在茶饮中添加辛香料的饮法。苏辙有一首与兄长苏轼相互唱和的诗作《和子瞻煎茶》，诗云：“君不见，闽中茶品天下高，倾身事茶不知劳。又不见，北方俚人茗饮无不有，盐酪椒姜夸满口。”北方少数民族煮茶加入盐、酪、椒、姜。可见，加盐酪熬成奶茶是对历史上饮茶文化的继承，这显然也是民族饮食文化融合的产物，也是畜牧民族对中华民族茶文化的创造性贡献。

烧麦，又称“烧卖”“稍梅”“烧梅”等，起源于元代。在 14 世纪的《朴事通》中，有关于烧麦最早的记载，其做法是：以麦面做成薄片，包肉蒸熟，与汤食之，这就是方言所说的稍麦、稍卖。又记载了稍麦名称的来历：“皮薄肉实切碎肉，当顶撮细似线稍系。”“以面作皮，以肉为馅，当顶做花蕊，方言谓之烧卖。”烧麦的特点是皮薄、碎肉馅，当顶处撮得细似线，顶部呈花蕊状。当时元大都也出售“素酸馅稍麦”。明清时期，发展出“桃花烧卖”“豆沙烧卖”，以猪板油丁、核桃仁和白糖为馅的“油糖烧卖”，等等。

麦面是汉族习用食材，肉是蒙古族喜食之物，烧麦是蒙古族与汉族饮食文化融合的产物。元代的“稍麦”与今天的“烧麦”在制法上是一致的，是一脉相承的。烧麦至今十分流行，品类更丰富，有“蛋肉烧卖”“三鲜烧卖”“蟹肉烧卖”“排骨烧卖”等，是人们喜爱的小吃。

煎饼，是中国北方传统的面食。

煎饼制作的用具是鏊锅，简称鏊子。大致有两种制作方法：一种是用小麦、粟等面粉调和成流状面糊，摊于鏊锅之上，即摊煎饼。在今山东一些地区比较普遍。一种是先将面和好，再擀成薄片状饼，然后放在鏊子上烤制。煎饼的经典吃法是煎饼卷大葱蘸酱。

在甘肃酒泉出土了魏晋时期加工制作煎饼的彩绘砖，在画面中，一位女厨正跪坐在炉灶旁，一边添柴续火，一边观察着烤炉上的煎饼。画中的烤炉、制作方法与今天山东煎饼的制作过程大同小异。

那么，在魏晋南北朝时期的西北地区，煎饼的吃法是什么样的？

在英国斯坦因从敦煌获取的两千多号汉晋木简中，就有“煎”“酱”的记录，Or8211/1580号木简载有：“□变（？）饮食芥韭、葱韭”，“煎（？）酱（？）”等。“葱”是指胡葱，即大葱；“煎”显然是煎饼。①煎饼至少在魏晋时期，就已传到西北少数民族地区了，在吃法上也和现在是一致的。

满汉全席是清代满族与汉族饮食文化相互融合而出现的宫廷盛宴。

在康熙至嘉庆初年，“满席”“汉席”是以分列对应方式存在的。到了道光中叶，才有合二为一的“满汉席”。在光绪中叶之前，开始出现“满汉全席”之称。光绪中叶时，满汉全席已流行于京师、上海等大城市了。满汉全席的形成发展历经二百多年，是满汉民族饮食文化融合的反映，两种文化从初始的对立、并存，到互相渗透、结合，最后交融合一。

在乾隆皇帝一次南巡至扬州时，两千五百多名随行官员与当地百官联合举办了一场盛大的满族菜与汉族菜融汇的筵席。扬州名士李斗所写《扬州画舫录》收录了这次满汉席的菜单。

第一分头号五簋碗十件：燕窝鸡丝汤、海参汇猪筋、

① 参见郭锋《斯坦因第三次中亚探险所获甘肃新疆出土汉文文书——未经马斯伯乐刊布的部分》，甘肃人民出版社，1993，第125页。

鲜蛏萝卜丝羹、海带猪肚丝羹、鲍鱼汇珍珠菜、淡菜虾子汤、鱼翅螃蟹羹、蘑菇煨鸡、辘轳锤、鱼肚煨火腿、鲨鱼皮鸡汁羹、血粉汤，一品级汤饭碗。第二分二号五簋碗十件：鲫鱼舌汇熊掌、米糟猩唇猪脑、假豹胎、蒸驼峰、梨片伴蒸果子狸、蒸鹿尾、野鸡片汤、风猪片子、风羊片子、兔脯、奶房签，一品级汤饭碗。第三分细白羹碗十件：猪肚假江瑶、鸭舌羹、鸡笋粥、猪脑羹、芙蓉蛋、鹅肫掌羹、糟蒸鲥鱼、假班鱼肝、西施乳、文思豆腐羹、甲鱼肉片子汤、玺儿羹，一品级汤饭碗。第四分毛血盘二十件：獲炙哈尔巴小猪子、油炸猪羊肉、挂炉走油鸡鹅鸭、鸽臛、猪杂什、羊杂什、燎毛猪羊肉、白煮猪羊肉、白蒸小猪子小羊子鸡鸭鹅、白面饽饽卷子、十锦火烧、梅花包子。第五分洋碟二十件：热吃劝酒二十味、小菜碟二十件、枯果十彻桌、鲜果十彻桌。①

满汉全席聚集了满族与汉族菜品的精华，汇集了中华各地食材，是中华民族饮食文化的瑰宝。

（二）服饰

战国时期，华夏族男子的服装是上衣下裳，宽袍大袖，脚穿便于脱穿的鞋子。女子的服装是连衣宽袖裙。

① （清）李斗：《扬州画舫录》，凤凰出版社，2013，第107～108页。

北方游牧民族的服装是头戴惠文冠，上穿袄，下穿裤，腰系皮带，脚登高筒皮靴。这种装束比中原传统服饰简洁方便，活动灵活，骑马作战比较利落。

胡服与华夏服饰交融的著名事件是胡服骑射。

战国时期，各国战争不断，赵国有林胡、楼烦、东胡少数民族部落的侵扰，还有燕、中山、魏、韩、卫、齐、秦等国的威胁，面临的局势尤为严峻。赵武灵王是赵国的第六代国君，他励精图治，决定向少数民族学习，穿胡服，组建骑兵队伍。

赵武灵王的改革遇到重重阻力，他亲自到德高望重的叔叔公子成家中，与他辩论，他说："衣服穿着是为了便利，礼是为了方便行事的。圣人制定礼仪也是顺应乡俗，因地制宜的，为了利于国家发展，并不统一用相同的礼制。我国东有黄河与薄洛之水，与齐国、中山国共同拥有，东有燕、东胡，西有楼烦、秦、韩。从前中山国依仗齐国强兵的支持，侵略践踏我国土地，掳掠我国百姓，引水围困了鄗城，几乎攻陷鄗城。先王以此为耻，此耻至今未雪。如果有了骑射装备，近可以更好地利用上党的地势进行防守，远则可以雪耻。"赵武灵用一天的时间终于说服了公子成带头穿胡服，又说服了其他王族接受胡服骑射的主张。赵武灵王的胡服骑射改革取得成功，赵国灭中山国，打败林胡、楼烦，扩大了疆域。

胡服骑射客观上促进了中原民族与少数民族的融合，使中原地区传统衣冠制度发生了变化。因为胡服在生产劳动与作战中更加便利，华夏族就很快汲取了胡服中的有益之处，到了汉代，胡服成为官定的武服。

魏晋南北朝时期各民族进一步融合。至隋唐时期，胡风大盛，中原服饰吸收了更多的胡人服饰元素：如来自外域，经丝绸之路传入的帔帛、袒露装；来自龟兹的半臂；还有胡帽、抹额、胡靴等。

据《旧唐书·舆服志》记载：开元初年，随从皇帝出行的宫人，骑马者皆戴着胡帽，靓妆露面，不再障蔽。士大夫与百姓之家，也互相仿效，不再戴帷帽。不久又露发髻骑马奔驰，又有穿男子衣服靴衫者，无论尊卑内外都是如此。可见，当时穿胡服之风的盛行。

在唐朝，胡服的主要特点有：窄袖紧身直筒长袍或窄袖长衫，圆领或者翻领，对襟，头戴毡帽，下身穿着长裤，腰束缀有花饰的革带，足蹬靴鞋。男子与女子胡服的式样差别不大，这可能是受母系氏族社会的影响，再者少数民族女子需要像男子一样从事骑马射猎等活动。这影响了隋唐女子的着装，女穿男装甚至成为唐代风尚。在出土壁画中多有发现。

腰中革带上挂盛放着佩刀、刀子、砺石、契苾真、哕厥、针筒、火石袋等日常用具的鞶囊，称为“蹀躞七事”。有的不用鞶囊，革带上有带环，可以直接系佩，称为蹀躞带。不同时代、不同民族，所挂的具体物件不完全一致。

“契苾真”“哕厥”是什么？学者们认为，可能是少数民族语言的音译。沈从文先生认为二物中可能有解锥，就是用来拆解绳扣的锥子。少数民族处于游牧状态，居无定所，故把这些小型常用之物挂在身上。蹀躞带在战国时即已出现，两晋南北朝时传入中原，唐朝时一度形成制度，文武官员都佩戴，女子也效仿。

在陕西等地的墓葬壁画中，在甘肃、新疆的石窟壁画中多有佩戴蹀躞的人物图像，有中原人物，也有吐蕃、回鹘、党项等民族。

汉族服饰对少数民族也产生了深刻的影响。

北魏孝文帝改革服饰制度，鲜卑族的习俗原是披发左衽，穿夹领小袖短袄。北魏太和十九年（495 年），孝文帝颁布新的冠服制度，模仿南朝汉服。头戴笼冠，圆平顶、筒状，两侧垂耳状巾；褒衣博带，宽袍敞袖，绅带宽阔；穿笏头履，外形如笏板翻卷翘起。

吐蕃在与文成公主通婚后，非常仰慕华夏华丽而精美的服饰，于是赞普带头改变以毡裘为衣的习俗，学习中原汉族，穿着丝麻制作的衣服。

党项族长期臣服于唐、宋等中原王朝，是一个深受中原汉族文化影响的民族。西夏时期，学习唐、宋，建立以服装颜色区分等级贵贱的制度，绯色、紫色为官员穿用之色，青色、绿色，庶民百姓穿用之色；沿用汉唐以来形成的皇帝专用色，只有皇帝、皇后、太子可以服用纯正黄色。平民原以穿皮毛为主，后变为以穿麻棉为主，服饰基本上同于中原汉族的服饰。可见，西夏上至帝王，下到平民百姓几乎全面地采用了中原汉族的服饰制度与样式。

在元朝统治中国的一百多年中，汉族官员须穿蒙古特色的服饰，百姓也逐渐接受并习惯于穿蒙古服饰。明朝建立后，禁止汉族穿蒙古服饰，蒙古服饰才渐渐退出历史舞台，但仍有影响。

补服制度就是在蒙古族胸背服饰图案的启示下创制的。

胸背，是在胸前背后绣出或印制一块方形图案。源于金朝，元时流行，成为蒙古族服饰的一项特色。在男女袍服的前胸、后背及双臂处，绣云龙、凤、鹰、兔、鹿等动物或花卉图案。为此，设有专门的织染局。

在《元世祖出猎图》中，元世祖与九位随从骑士所穿的袍服上多有胸背图案。元世祖穿红色服装，前胸上有金色云龙胸背图案。后排左起有一挽弓射猎者，穿绿色海青衣，胸前有方形金色云龙纹样图案。前排左侧头戴红色后檐帽、手持猎鹰者，穿蓝色交领窄袖袍，胸前也有金色云纹图案。后排右起正扬鞭催马的黑脸大汉，身穿大红海青衣，胸前方形图案内有花卉、奇石和卧鹿。元世祖的胸背图案与随从的相似，在元代，胸背图案应该还没有等级的区分。

而在唐代就有了通过穿不同动物图案纹样的袍服区别官员官职等级的制度。唐高祖时，武官就穿着动物纹袄子。在武则天延载元年（694 年）五月二十二日，赐给三品以上文武官绣袍。袍上纹样代表不同的训诫：“诸王的绣纹是盘龙及鹿，宰相的绣纹是凤池，尚书的绣纹是对雁，左右卫将军的绣纹是麒麟，左右武卫的绣纹是对虎，左右鹰扬卫的绣纹是对鹰，左右千牛卫的绣纹是对牛，左右豹韬卫的绣纹是对豹，左右玉铃卫的绣纹是对鹘，左右监门卫的绣纹是对狮子，左右金吾卫的绣纹是对豸。”绣袍背上有回文铭：“忠贞正直，崇庆荣职；文昌翊政，勋彰庆陟；懿冲顺彰，义忠慎光；廉正躬奉，谦感忠勇。”这是把对官员的为官要求蕴含在官员的袍服之中，意味着官员要具备忠诚、正直、谦逊、廉洁等品格。

明代在创制文武官服时，兼采唐宋与元代的有关服饰制度：学习唐宋，以禽兽表示等级；形式采用元朝，在胸前，方形。明太祖洪武二十六年（1393 年），明朝制定了完整系统的补服制度。据《明典章》记载，其官服的补子图案：“公、侯、驸马、伯服，绣麒麟、白泽。文官一品仙鹤，二品锦鸡，三品孔雀，四品云雁，五品白鹇，六品鹭鸶，七品鸂鶒，八品黄鹂，九品鹌鹑；杂职练鹊；风宪官獬豸。武官一品、二品狮子，三品、四品虎豹，五品熊罴，六品、七品彪，八品犀牛，九品海马。”当然，后来又有调整与变化。

清代扩大了补服的使用范围，除文武官员外，还包括皇亲、国戚、勋臣。文武官员的补子图案基本上同于明代，图案形状有方形与圆形，两肩处也有补子。皇亲、国戚和立有战功的特赐勋臣服绣有云龙图案的圆形补子。镇国公以下勋爵及文武百官均服绣有瑞禽、猛兽图案的方形补子。

（三）妆容

爱美是人之天性，古今中外概莫能外。为了变得更美，就有了化妆与修饰。中国古代主张妆容要和身份、身材、时节、场合等相适宜，正如明末清初文人卫泳在《悦容编》中所说：“饰不可过，亦不可缺。淡妆与浓抹，惟取相宜耳。首饰不过一珠一翠一金一玉，疏疏散散，便有画意。如一色金银簪钗行列，倒插满头，何异卖花草标。”清代大文人李渔在他的《闲情偶记》中也曾对此发表看法：“满头翡翠，环鬓金珠”，“但见金而不见人，犹之花藏叶底，月在云中”，“是以人饰珠翠宝玉，非以珠翠宝玉饰人也”。如果满头带满翡翠金珠，就只能看见金子而不见人，犹如花朵被掩藏于叶子下面，那就不是用珠翠宝玉装饰人，而是人装饰珠翠宝玉了。中国古代多以薄妆、素妆、淡妆为主。

唐代是一个多姿多彩的朝代，比较流行浓妆艳抹的“红妆”。在妆容方面也受少数民族的影响。

在中唐时期流行的时世妆，我们通过白居易的《时世妆——儆戎也》可以知道：“时世妆，时世妆，出自城中传四方。时世流行无远近，腮不施朱面无粉。乌膏注唇唇似泥，双眉画作八字低。妍媸黑白失本态，妆成尽似含悲啼。圆鬟无鬓椎髻样，斜红不晕赭面状。昔闻被发伊川中，辛有见之知有戎。元和妆梳君记取，髻椎面赭非华风。”唐宪宗元和年间，女子的时兴妆容是用黑色膏涂唇，画八字眉，梳椎髻，这不是华夏之风。辛有生活在两周之际，据《左传·僖公二十二年》记载，平王东迁之初，辛有在洛阳伊川看到披发之人在郊野祭祀，而披发是那时少数民族的特征之一，他说：“不及百年，此其戎乎！其礼先亡矣。”意思是不到一百年，伊川可能会被戎人占有。但他们的礼仪会被融合同化而消亡。白居易用此典故表达对唐朝胡风盛行的担忧与批评。

赭面，以红褐颜料涂面，是吐蕃之风。

从考古发现来看，赭面的部位有额、鼻、下巴、两颊；涂彩的形状有点状、条状、块状，涂点的数量有十三点、九点、七点、五点等。[①]

吐蕃为什么赭面呢？用现在的科学理论来解释，就是红

① 参见李永宪《略论吐蕃的“赭面”习俗》，《藏学学刊》2007年第1期。

色光波最长，比其他颜色吸收日光中紫外线的效果要好，能够防止皮肤被晒伤。长期生活在青藏高原的吐蕃族可能发现了这一点，于是就用赭面隔离紫外线。如果长期遭受紫外线照射，面部角质层会被严重破坏而出现酡红，即所谓的“高原红”，也或许吐蕃人是出于遮盖高原红的需要，当然也和他们的审美有关。

文成公主入藏后，不喜欢赭面，松赞干布曾下令暂且禁止。吐蕃趁安史之乱之机占领了唐朝的广大河西地区，并推行“风俗同化”政策，其赭面风俗也在当地流行开来，然后进一步传到长安及更广的地方。

椎髻，高而尖的单髻，是少数民族地区的一种发型。据东汉赵晔所著《吴越春秋》记载，春秋时的吴王梦寿曾说：“孤在夷蛮，徒以椎髻为俗，岂有斯之服哉！”《汉书·李陵传》中提到李陵、卫律二人在匈奴皆是穿胡服，椎椎髻。汉代也称“魋髻”。

（四）生活用具

古代汉族习俗原是席地而坐，符合礼仪的坐姿为跪坐，即两膝跪地，臀部放于脚后跟上。随着胡床的传入，才垂腿而坐。

胡床，又称作马扎、交床、交椅、交杌等。胡三省在注《资治通鉴》时，这样描述胡床的形制：用木条交错为腿足，足前后都施加横木，使其底部持平，交叉放置在地上时比较平稳；足的上端，前后也施加横木，使其上部持平，横木上钻孔窍，用绳索穿起来，使它可以坐。在腿足交叉处钻圆孔，用铁贯穿，收敛折叠起来便于随身携带，放下可以坐。

胡床的源头在古埃及、古希腊。古埃及第十八王朝末期的法老图坦哈蒙，大约在公元前1361至公元前1325在位，在他的墓室床下，放置着一件做工精致的可折叠的凳子，腿呈“X”形交叉，高度大概至小腿处。一般认为，这就是最早的胡床。

随着民族间交往、战争、迁徙，胡床从古埃及、古希腊、中亚等地辗转传到中国的少数民族地区，大约在汉末时传入中原。汉魏时期的床除了是睡眠的卧具，还具有多种用途，如可用于坐在其上办公、授徒、会客、宴饮等。于是，人们就称从域外传来的新式坐具为胡床。隋炀帝本性好猜疑防范，比较忌讳胡人，曾改胡床为交床。

汉灵帝，是东汉第十二位皇帝，168年至189年在位。据《后汉书·五行志》记载，灵帝喜好胡服、胡帐、胡床、胡坐、胡饭、胡箜篌、胡笛、胡舞，京都贵戚都竞相效仿。这是目前所知我国史籍中最早关于胡床的记载。

汉代的胡床图像可以在山东省长清区的孝堂山神异、车骑、战争、狩猎画像石上找到，这也是中国目前所知最早的胡床图像。

魏晋南北朝时期，胡床成为社会生活中日益普遍使用的坐具，在战场上、城楼上、庭院中、竞技场、弹奏时、旅行时、狩猎时等场合均可见到。

王僧辩是南朝梁的将领，据《梁书·王僧辩传》记载：梁朝末年，王僧辩率领军队围攻长沙城，坐在陇上亲自视察修筑防御工事。敌军将领李贤明等人认出了王僧辩，认为他没有防备，于是率领千人精锐部队直接冲向王僧辩。李贤明骑着披铠甲的战马，率领十名骑兵，大声呼喊着向王僧辩冲杀过去，而王僧辩依旧坐于胡床之上，不为所动，沉着指挥将士勇敢作战，最终擒获了敌将李贤明，获胜。

胡床给人们带来种种便利，人们坐在胡床上与友人谈天论地。南朝时期，咏唱胡床的诗歌也应运而生了。梁宣帝《床诗》曰："衡山白玉镂，汉殿珊瑚支。踞膝申久坐，屡好为频移。"梁宣帝笔下的床用白玉、珊瑚制作、装饰，可以垂足而坐，移动方便，推测可能为胡床。梁朝庾肩吾《咏胡床应教》诗曰："传名乃外域，入用信中京。足欹形已正，文斜体自平。临堂对远客，命旅誓初征。何如淄馆下，淹留奉盛明。"

唐人诗文中也可见到胡床的形象，他们坐着胡床处理事情，韦应物《花径》有："胡床理事余，玉琴承露湿。"坐着胡床娱乐，李白《经乱后将避地剡中，留赠崔宣城》有："崔子贤主人，欢娱每相召。胡床紫玉笛，却坐青云叫。"

“坐胡床”成为赏月的典故。南朝刘义庆《世说新语·容止》记载，晋代庾亮在武昌任职时，一个气佳景清的秋夜，下属官员殷浩、王胡之等人登上武昌南城楼清谈吟诗。正当音调开始遒劲时，听到楼梯中木屐声越来越响，大家知道定是庾亮。不一会儿，庾亮率十许人走了过来，诸人想要起来避开。庾亮慢悠悠地说：“诸君稍留一会，我对此也很感兴趣。”于是便据胡床，与诸人吟咏戏谑，玩得非常尽兴。

李白《陪宋中丞武昌夜饮怀古》有：“清景南楼夜，风流在武昌。庾公爱秋月，乘兴坐胡床。”杜甫《树间》曰：“岑寂双甘树，婆娑一院香。交柯低几杖，垂实碍衣裳。满岁如松碧，同时待菊黄。几回沾叶露，乘月坐胡床。”

而“挂胡床”用作称颂为官清廉、生活俭朴。三国时期曹魏有一官员名裴潜，家境清寒，他任兖州刺史时，制作了一胡床，调任时把胡床留下，挂于柱间而去。李白《寄上吴王》云：“坐啸庐江静，闲闻进玉觞。去时无一物，东壁挂胡床。”

魏晋隋唐五代时的胡床图像可在敦煌壁画中寻见。敦煌莫高窟北魏第257窟西壁北侧《须摩提女缘品》描画的是天竺民间的故事，画面中有两位梵志共坐在一具胡床上，胡床的长度可供两人同时并坐，高度大概有坐者小腿高，两位梵志的衣冠服饰不同于中原人物。

北周第296窟的窟顶西披和南披《贤愚经变·善友太子

入海品》中相师为善友和恶友占相的画面中，相师的坐具是胡床。该窟壁画中的胡床与河南出土的沁阳东魏孝静帝武定元年（543年）造像碑上的胡床图像完全一致，可能敦煌模仿了中原。

隋代第420窟的窟顶东披《法华经变》中的《商人遇盗》图中，一穿盔甲的武士坐在胡床上，高度与坐者的小腿差不多。

盛唐第217窟南壁《法华经变》中，在一所房屋中可以见到有一人坐于胡床上，只可以看见胡床的交叉腿；在另一所房屋中也好似有一张胡床。晚唐第156窟的窟顶藻井西披《弥勒经变》中有一人坐在胡床上被剃度。

五代时期的第98窟与第146窟中的屏风画《贤愚经变·须阇提品》中有一穿着唐装的人物坐在胡床上，反映的是民间生活的场景。①

绳床，又称倚床，是高脚带扶手的靠背椅，座面为藤绳编制或木板制作。宋代时，胡床与绳床结合而产生了交椅。交椅有靠背、脚踏，可折叠开合，具备了椅子的特性，进入到家居生活中。北宋张择端《清明上河图》中赵太丞家有一把直背式交椅，靠背当中是两条水平横板。

---

① 参见暨远志《胡床杂考——敦煌壁画家具研究之三》，《考古与文物》2004年第4期。

宋张择端《清明上河图》中赵太丞家的交椅

宋人《蕉阴击球图》中，一女子正关切地观看孩童击球，她身后放着一把交椅。交椅是绳编的软坐屉，竖向靠背，圆形搭脑。圆形搭脑，也称“栲栳圈”，是我国古代木工匠师的创造。

南宋佚名《蕉阴击球图》中的交椅

胡床的传入、被接受、被改造、被赋予文化内涵，是不同文明的交流互鉴。从少数民族地区传入的胡床以及高凳、圆凳、椅子等高座家具，逐渐改变了汉族席地而坐的起居习惯，到晚唐、五代时，垂足而坐已经较为普遍，这也是礼俗的重大改变。垂足而坐有利于气血通畅，保持身体康健。胡床等的传入还丰富了中原地区的家具式样，使桌子、几案、屏风高度也随之提升，进而使居住的屋室也增大增高了，人们生活得更加舒适，古代文明又前进了一步。

第二节　娱乐的民族交融

每个民族在生活中，都形成了多种多样的娱乐活动，并且随着生产的发展、文明程度的提高，与其他民族的交流交融，不断地对本民族的娱乐活动进行着重组，加入新的元素，创造新的样式，这使得中华民族的娱乐文化名目众多，瑰丽多彩。

一、百戏杂技

百戏，是古代包含乐舞、说唱、杂技等多种娱乐形式的大型表演的泛称，是上自帝王将相，下到黎民百姓喜闻乐见的娱乐形式。

百戏一词出现于西汉，但百戏是在长期的生产与生活中逐渐形成的。如，人们在驯养牲畜中形成了动物戏、马戏；在战斗中形成了蚩尤戏、角抵戏。

百戏是多民族娱乐项目融汇而成，在每一次民族融合时期，也都有新元素融入百戏，使百戏更加多姿多彩。百戏之中有汉族传统的娱乐项目：鱼龙曼延、飞剑跳丸、掷倒伎、戴竿、走索、马戏、戏龙、戏雀、戏豹、戏鱼、七盘舞、建鼓舞、画地成川，等等；也有来自其他民族与域外的娱乐项目：易貌分形、吞刀、吐火、自缚自解，等等。

在东汉张衡的名篇《西京赋》中，全方位勾勒了百戏的盛况，其中，是这样描绘鱼龙漫衍的：华岳巍峨挺拔，冈峦参差起伏。山上生长着神木灵草，果实累累。有许多神仙，在戏豹舞熊。有白虎在鼓瑟，苍龙手持篪，单管横吹。娥皇女英在高声歌唱，清越宛转。扮演三皇的伎人，身上披着羽毛。欢乐的曲子尚未奏完，乌云骤起，雪花飘飞，越来越密集。阁楼之间架木为道，转石如雷般炸响。霹雳之声震天动地，砰然作响如天发威。巨兽跳跃出场做戏，这就是鱼龙漫衍。百戏集舞蹈、音乐、道具、布景等于一体，技艺精湛，情节奇妙，场面宏大，气势磅礴，惊心动魄，使观者如醉如痴，回味无穷，怅然若失，不忍离去。

百戏资料丰富，有传世的文献、绘画，也有出土的石刻、壁画、陶俑等，从中我们可以窥见百戏的发展繁荣。

1954年在山东沂南北寨村汉墓发现了一幅非常完整的《乐舞百戏图》，该图生动地展现了东汉百戏演出的实况。

第一个节目是跳剑，一位长须飘扬的艺人，正同时抛掷着四支短剑，他身体微蹲，聚精会神。他的脚边有另一种抛弄的物品：五个圆球，这叫作丸铃，球体上凿有小孔，球中装有石子，抛掷时会发出悦耳的声响。

第二个节目是都卢寻橦，一位虎背熊腰的男子，用前额顶着十字形长竿，横杆上面的孩童正在表演倒挂腹旋。

第三个节目是七盘舞，一位宽袍长袖的男子，右边排着七只盘鼓，正弓步起舞，衣带流动飘飞。

第四个节目是走索，绳索由两只对立着的三脚架支撑，绳下有剑，剑尖朝上竖立。绳两端的两位女子手执短幢，正向中间走去；绳子中部的演员正双手抓绳子，身体倒立，腰部弯曲，做燕子展翅状。

第五个节目侲童戏兽，是乔装动物幻术表演，象征吉祥的怪兽长着大口，瞪着大眼，身披毛皮，手执旗帜，屈身跳跃，前面一身着羽衣的童子，两手撑地，下肢腾空，与兽游戏。

第六、第七个节目紧密相连，一条彩色大鱼由人扛着游动，三人摇着鼗边跟随边逗引着。然后鱼化为龙，龙是由遍体披鳞的马装扮成的，双角巨口，背上驮着画卷，上端站立着一个小孩，正在舞弄羽葆长幢，龙马由摇鼓、节鞭引导着奔腾向前。这大概就是有名的古代幻术“鱼龙漫衍”的一个场面吧。

第八个节目是凤凰来仪，由人扮演的凤凰，冠子高耸，做展翅状，修羽长翎；鸟前一穿着花瓣状衣服的人，手扶着一棵梧桐树，在以梧桐引凤。

第九、十个节目是马戏与车戏，两匹骏马相对奔驰，昂首奋蹄，左面的马背上站立着一女子，头系飘带，腰着短裙，左手执短戟，右手握长缨。右边一人一手执钩，一手抓住马鬃，腾空跃起，正以飞快的速度上马。下面三匹饰为龙形的马，并驾齐驱，拉着戏车急驰而来，车中树立着建鼓和长竿，两根竿顶各有一个小台，小演员在百尺竿头做反弓倒立。

吐火，是来自西域的幻术，从目前发现的汉画像石看，演出者既有汉族，也有少数民族，在汉代掌握这种技艺的民间艺人已经不在少数。

踩球，也称蹋球、蹑球，是来自西域的一种百戏项目。一般表演者为女子，表演者能在球上做出多种动作，有的在一个小圆球上跳骨尘舞和胡旋舞，她们在球上纵横腾踏，两足始终不离开球；有的在高一二丈彩画木球上登蹋球转动而行走，回旋来去自如。

百戏是古代招待少数民族与外国使节的节目，始于汉武帝元封三年（前 108 年），为了向各民族与各国使节炫耀帝国的繁盛，汉武帝在长安举办了盛大的宴会与声势浩大的百戏表演，有角力、举重、飞剑、跳丸和斗兽等；少数民族与外国的艺术家们交流演出的节目有吞刀、吐火、种瓜、植树、杀马、自缚自解、竿技、弄蛇等。

隋炀帝时，百戏活动盛况空前。据《隋书·音乐志》记载，大业二年（606年）隋炀帝为了向突厥首领夸耀，把各地的百戏集中于东都洛阳，有大型幻术黄龙变、扛鼎、顶竿、吐火等。从此以后，在太常专门教习。每年正月，万国来朝，各国使者汇集，在正月十五日夜举行百戏演出。戏场设在皇城正门端门外，绵亘八里。歌舞表演者，穿着锦绣缯彩，达三万人。大业六年（610年）时，“凡有奇伎，无不总萃”，演出者一万八千人，“大列炬火，光烛天地，百戏之盛，振古无比”。在举行盛会时，还命大臣写诗文赞咏，文学家薛道衡《和许给事善心戏场转韵》云：“京洛重新年，复属月轮圆。云间璧独转，空里镜孤悬。万方皆集会，百戏尽来前。临衢车不绝，夹道阁相连。惊鸿出洛水，翔鹤下伊川。艳质回风雪，笙歌韵管弦。佳丽俨成行，相携入戏场。衣类何平叔，人同张子房。高高城里髻，峨峨楼上妆。罗裙飞孔雀，绮带垂鸳鸯。月映班姬扇，风飘韩寿香。竟夕鱼负灯，彻夜龙衔烛。欢笑无穷已，歌咏还相续。羌笛陇头吟，胡舞龟兹曲。假面饰金银，盛服摇珠玉。宵深戏未阑，竞为人所难。卧驱飞玉勒，立骑转银鞍。纵横既跃剑，挥霍复跳丸。抑扬百兽舞，盘跚五禽戏。狻猊弄斑足。巨象垂长鼻。青羊跪复跳，白马回旋骑。忽睹罗浮起，俄看郁昌至。峰岭既崔嵬，林丛亦青翠。麋鹿下腾倚，猴猿或蹲跂。金徒列旧刻，玉律动新灰。甲荑垂陌柳，残花散苑梅。繁星渐寥落，斜月尚徘徊。王孙犹劳戏，公子未归来。共酌琼酥酒，同倾鹦鹉杯。普天逢圣日，兆庶喜康哉。”这是隋朝国力与文明的展示。当然过度的奢侈铺张也加重了百姓的负担。

百戏表演内容丰富、节目精彩，给人们带来了无穷的乐趣，对后世的音乐、舞蹈、杂技、戏剧等产生了深远的影响，是各族人民共同创造的宝贵财富。

二、马球

马球，古代称为“击球”“击鞠”或“打球”，是骑于马上以球杖击球入对方球门的一种运动。

唐代马球运动盛行，从帝王、高官显贵到文士、女子都喜欢马球。各地建有很多马球场地，并出现了球杖制作的手工业。

1956 年，在西安唐代大明宫含光殿遗址出土了一块奠基石，上面刻有“含光殿及球场等大唐大和辛亥岁乙未月建”，可见，马球场是唐代宫殿建筑的重要组成部分。

马球是怎样起源的呢？目前说法不一，有人认为马球是由汉代的蹴鞠发展演变而来；有人认为马球起源于古代波斯，通过丝绸之路，由波斯传至西域，再传入长安；有人认为马球起源于西藏地区的吐蕃，然后向外传播。

吐蕃是一个善于打马球的民族是无疑的，和唐朝之间也存在着友好的交流。唐人封演《封氏见闻记》有《打球》篇：唐太宗曾亲临安福门，对侍臣说：“听闻吐蕃人喜欢打球比赛，我最近还令人前去学习，并曾去观看。昨天各少数民族在升仙楼打球，也想请我去观看，他们认为我喜欢打球、倡导打球。以此来看，帝王岂能轻举妄动，我已焚球以自诫。”

唐中宗景龙三年（709 年）十一月，吐蕃千人使者团至长安迎娶金城公主，其间，中宗李显观看了吐蕃的骑马之戏，也邀请吐蕃使者尚赞咄一起观看打球，以表达友好之情。尚赞咄却提出由他率领吐蕃球队与唐朝球队进行比赛，中宗答应了他的请求。吐蕃是游牧民族，骑术高超，马球技术精湛，在几个回合的较量中，吐蕃队接连取胜。于是，中宗派出了时为临淄王的李隆基，还有驸马杨慎交、武延秀等高手组队出战。这一局中，李隆基展现了高超的球技，风驰电掣地奔跑，东西驱突，挥动球杖，所向无前，连连进球，大获全胜。李隆基是非常热爱打马球的，宋代晁补之有“宫殿千门白昼开，三郎沉醉打球回”之句，说的就是李隆基。

一些中宗时的大臣写有观看打球的应制诗，应当是在此时所写，沈佺期《幸梨园亭观打球应制》：“今春芳苑游，接武上琼楼。宛转萦香骑，飘飖拂画球。俯身迎未落，回辔逐傍流。只为看花鸟，时时误失筹。”武平一《幸梨园观打球应制》：“令节重遨游，分镳应彩球。骖驔回上苑，蹀躞绕通沟。影就红尘没，光随赭汗流。赏阑清景暮，歌舞乐时休。”章怀太子，即唐高宗与武则天的第二子李贤，他生前可能非常喜欢马球。在陕西乾县章怀太子的墓道内有一巨幅壁画《打马球图》，画面中有二十余位球手，包括高鼻深目的胡人球手，均头戴幞头，身穿各色窄袖长袍，脚蹬黑色高筒靴，腰间束革带。他们骑于骏马之上，左手执着马缰绳，右手持杖，正奋力抢球。前面的白衣骑者在疾驰中做反身击球的动作；其后面的红衣骑者疾驰向前逼近，挥杖意欲抢球；还有几名骑者驱马奔上来，意欲夺球。球手勇猛、矫健，争夺激烈，难分难解，画面活灵活现。李廓《长安少年行》“长拢出猎马，数换打球衣”之句，可以说是这些球手们的生动写照。

唐人喜欢用诗来描绘他们的所见所感，咏叹马球运动的精彩诗篇大量涌现。韩愈《汴泗交流赠张仆射》：“分曹决胜约前定，百马攒蹄近相映。球惊杖奋合且离，红牛缨绂黄金羁。侧身转臂着马腹，霹雳应手神珠驰。”张祜《观泗州李常侍打球》：“日出树烟红，开场画鼓雄。骤骑鞍上月，轻拨镫前风。斗转时乘势，旁捎乍迸空。”

在宋、辽、金、元、明各朝，马球运动依旧相当流行。

女真族建立的金朝也是重视马球的朝代。金朝后期发展出专门调教打球用马的机构，皇帝用打球马奖励大臣。在山西侯马与襄汾金墓出土的砖雕《打球图》中，我们可以领略金人打球的英姿：有四种打球姿势，打球者身体健壮，精神昂扬，左手执缰，右手执杖，马儿在打球者驱驰下，或奋蹄前行，或急速转头，造型生动。

元人傅若金的《金人击鞠图》描绘了金人打马球的场景："古来北方善骑射，材力往往矜豪雄。吾观《金人击鞠图》，意气已欲横土中。黄旗雕羽指天黑，绣柱龙鳞掀日红。鸣鞭纵辔捷一发，左回右折如旋风。流星迸乱拂衣里，飞电翕忽生马鬃。……"①北方民族一向善于骑射，勇武有力，常常自夸为英雄豪杰。金人击球时，意气风发，挥鞭催马，纵辔驰骋，如旋风一样左回右折追球，球如流星，马如飞电。

吐蕃、汉、突厥、党项、女真等民族都对马球运动的发展做出过贡献。

三、双陆

双陆，也称"双六""握槊""长行""波罗塞戏"，是三国至清中期比较流行的一种棋类博戏。有北双陆、南双陆、

① （清）顾嗣立：《元诗选二集》，中华书局，1987，第445页。

大食双陆、真腊双陆等多种类别。

双陆的出现，有人认为是曹魏曹植所创，北宋高承《事物纪原》考证双陆的起源为“陈思王曹子建制双陆，置骰子二”；有人认为源于印度，由西域传入，北宋晏殊《类要》说：“始自天竺，即《涅槃经》之波罗塞戏。三国魏黄初间流入中国。”明代俞弁所撰《山樵暇语》载：“双陆出天竺……其流入中国则自曹植始之也。”天竺，即是今印度。曹植可能较为精通双陆，在最初的普及中影响较大。

日本有一部《双陆锦囊钞》，是介绍双陆玩法的书。日本的双陆是在唐朝时传入的，这部书应该体现的是唐朝时的玩法。宋代洪遵《谱双·南北局例》也介绍双陆玩法。双陆的棋盘是对等十二路，前六道称前梁，后六道称后梁，两组六梁，故得名双六、双陆。黑白棋子各十五枚，称作“马”。双方在前六梁与后一梁各布置五马，前二梁布置三马，后二梁布置两马；骰子两枚，呈六面体，刻一至六的数值。凭所掷骰子的数值前进，显示几即走几步，白马从右向左，黑马反向而行，先把己方的十五枚棋子走至后六条线内者获胜。

南宋陈元靓《事林广记》收录有反映玩双陆的词《西江月·打双陆例》：“幺六把门已定，二四三五成梁。须知四六做烟梁。五六单行无障。掷得幺三采出，填胲此处高强。到家先起妙无双。号曰金赢取赏。”

双陆是帝王贵族的娱乐方式之一。唐代笔记《隋唐嘉话》中有一则关于双陆的故事：薛万彻是一员武将，娶了唐太宗之妹丹阳公主。唐太宗曾经对人评论驸马薛万彻“村气”，也就是说比较土气。丹阳公主感到羞愧，数月不理驸马。唐太宗知道后大笑，设宴与薛万彻吃饭并下双陆，以佩刀为赌注，太宗故意不敌，把御用刀输于薛万彻。公主很高兴，与驸马和好。唐太宗借助双陆游戏，非常机智地调和了公主与驸马的矛盾。

据《辽史》《契丹国志》记载，双陆也非常受辽朝贵族的欢迎。承天皇太后，即著名的萧太后萧绰，在辽景宗、辽圣宗时总揽辽朝国政四十余年，她与权臣韩德让就经常玩双陆。1974年，在辽宁法库县叶茂台辽代墓中出土了一副双陆棋具，是契丹人玩双陆的明证。棋盘为木制，髹漆，长52.8厘米，宽25.4厘米，两个长边处用骨片嵌制了12个圆形的“路”标，长边中间各有一个月牙形的“门”标。棋子30枚，一半为白子，一半为黑子，棋子为尖顶平底，中有束腰，高4.6厘米、底径2.5厘米。两枚骰子出土时已朽坏。[1]

双陆也是诗词、散曲书写的题材，唐代王建《宫词》：“各把沉香双陆子，局中斗累阿谁高。”元代双陆是“才子型”

① 崔乐泉：《图说中国古代体育》，世界图书出版西安有限公司，2016年，第182页。

游戏，杂剧名家关汉卿《一枝花·不伏老》：“我也会围棋、会蹴鞠、会打围、会插科、会歌舞、会吹弹、会咽作、会吟诗、会双陆。”元代张之翰《金缕曲·双陆》以词的形式叙述双陆的来历与逸闻：“此博谁名汝。想当年、波罗塞戏，涅槃经语。天竺传来双采好，幺六四三二五。”

也有以双陆为题材的画作传世，在我国台北“故宫博物院”与美国佛利尔美术馆均藏有《内人双陆图》，著者有争议，有人认为此画是宋人模仿唐代周昉的风格而作。画面中，有两女子在对座下棋，一女子正弓身聚精会神地斟酌选择，准备落下棋子；另一女子右手抬起，似乎是刚刚掷完骰子，等待结果。还有一女子依着侍女在观棋。

内人双陆图

双陆传入中国，成为各民族长期喜爱的娱乐活动，并写诗、作画以纪之，成为中华民族共同的历史记忆的一部分。

结 语

铸牢中华民族共同体意识

生活在中华大地上的各民族，在发展中相互融合，血脉相连，形成了民族同源的观念。在思想信仰上也相互融会，有了共同的文化根基，自觉认同是中国的一部分，各民族凝合成了中华民族。并且，共同熔铸了中华民族的精神，成为中华民族凝心聚力，生生不息的精神支柱与动力。铸牢中华民族共同体意识，是实现中华民族伟大复兴奋斗目标的重要保障。

一、形成中华一体意识

在中国各民族的历史发展中，都不断融入了其他民族的血统，形成多元的族源，后来各民族在追溯时，逐渐形成民族同源的观念。人们的观念从华夷有别转变为华夷一家，各民族自觉认同是中华民族的成员。

黄帝统一融合了炎帝、蚩尤等部族，成为华夏族的祖先，据《史记·五帝本纪》排列的华夏族传承世系，夏、商、周、秦都传自黄帝。据《魏书·帝纪·序纪》记载鲜卑族的祖先是黄帝之子昌意，《周书·文帝纪》记载宇文氏的祖先是炎帝神农氏，《辽史·太祖本纪》记载辽的祖先出自炎帝。这是在民族来源上对华夏族的认同。

刘渊，字元海，匈奴族，趁西晋八王之乱之机，建立了政权“汉”。匈奴族以刘为姓，以敌对政权的国号命名，是匈奴族接受汉文化的结果，也说明刘渊对华夏政权两汉的认同与向往。民族学家马长寿说：“一切部族，从它的祖源看，单独由一元的祖宗部落演化而来的似乎没有或者很少，绝大多数是由多元的祖源、不同的部落合并在一起而后形成的。”①中华民族在发展中历经沧桑，有过数不清的分分合合，但从长时段来看，各民族有着难以割断的血脉联系，中华民族同源共祖是历史地形成的。

在思想上，中华各族“华夷一家”的观念也逐渐形成。春秋战国时期，儒家就主张“四海之内，皆兄弟也”。孟子考察发现了华夏与夷狄的融合现象，指出舜是东夷人，周文王是西夷人。隋炀帝、唐太宗、金熙宗、明太祖、明成祖、康熙

① 马长寿：《北狄与匈奴》，广西师范大学出版社，2006，前言第4页。

帝、乾隆帝等帝王都有“华夷一家”的民族思想观念，在边疆与民族问题上，无分内外，一视同仁，尽力使普天之下的百姓各得其所。孙中山明确指出：“国家之本，在于人民。合汉、满、蒙、回、藏诸地为一国，合汉、满、蒙、回、藏诸族为一人。是曰民族之统一。”

喀喇汗王朝的统治者自称“桃花石汗”。“桃花石”是域外人对汉人政权或居地的称呼，《突厥语大词典》成书于喀喇汗王朝时期，编撰者马赫穆德·喀什噶里是喀喇汗王朝的王族成员，后因内乱流亡至巴格达。他解释“桃花石”是摩秦国之名，秦分为三部分，上秦是桃花石，在东部，指的是北宋；中秦是契丹，指的是辽朝；下秦是巴尔罕，即喀喇汗王朝统治的喀什噶尔一带。这从文献上证实喀喇汗王朝自认为是中国的一部分。

在融合发展中，入主中原的各少数民族自称为华夏先王之后，在族源上与汉族认同。边疆少数民族政权也自认为是中国的一部分，自认为是中国人。秦、两汉、西晋、隋、唐、元、明、清多个统一时期，把各民族纳入统一政权的统治之下，统治者用“华夷一家”的观念治理，推动了多民族统一国家的形成、巩固和发展，促使着共同民族感情的凝聚，促进了中华民族统一整体观念的形成与加强。

二、熔铸中华民族精神

中华民族在长期共同生活和艰苦奋斗中培育、继承、发展熔铸成了中华民族精神。

在中华民族发展的历史长河中，爱国主义始终是中华民族精神的主旋律。爱国主义已经深入中华儿女的骨髓，中华儿女缔造了祖国辽阔的疆域，反对分裂，抵御外侮与侵略，维护民族独立和国家主权，捍卫祖国的统一和民族团结，开创文明，为祖国的繁荣富强而不懈奋斗。

明朝时，倭寇的侵扰日益猖狂，在抗倭中涌现出了戚继光、俞大猷、瓦氏夫人等民族英雄。

在鸦片战争期间，中华各族军民奋起反抗，英雄人物大批涌现：林则徐、关天培、陈化成、葛云飞，回族郑国鸿、王锡朋，满族裕谦，等等，他们谱写了一个个可歌可泣的壮烈故事。

在抗日战争时期，各民族更加自觉地加入了保家卫国、争取民族独立的大军之中。千千万万中华各族儿女为了捍卫中华民族的独立与尊严驰骋疆场，不畏牺牲，以身报国，英雄团体、英雄人物辈出，共同组成了抗击日军的血肉长城：中国共产党将领杨靖宇、赵一曼、左权、彭雪枫；国民党将领佟麟阁、赵登禹、张自忠、戴安澜，等等；马本斋领导的抗日劲旅回民支队、八路军“狼牙山五壮士”、新四军“刘老庄连八十二烈士”、东北抗联八位女战士、国民革命军“八百壮士”，等等。

中华各族人民的命运与国家的命运是紧密联系在一起的，祖国的兴衰存亡决定着各民族的兴衰存亡，各族人民自觉地为争取中华民族独立和解放而不懈斗争。一代代中华儿女在爱国主义精神的激发下，凝聚在一起，砥砺奋斗，维护祖国利益，不计个人得失，“封侯非我意，但愿海波平”，“苟利国家生死以，岂因祸福避趋之”，“未惜头颅新故国，甘将热血沃中华”就是他们对国家深厚感情的写照。这就使历史上的所有侵略中华者最终都以失败告终，使我们的祖国持续旺盛发展。

团结统一、热爱和平、勤劳勇敢、自强不息、改革创新是中华民族精神的重要内容与特征。

统一是中华民族历史发展的主流，中国在先秦时期就出现了大一统的观念，历代统治者都以实现大一统为目标，百姓渴望统一带来安定的生活。因此，虽然有过春秋战国、三国南北朝、五代十国、辽金宋等分裂或对峙时期，但无不被秦汉、隋唐、元明清大一统终结。英国历史学家汤因比在展望 21 世纪时，认为：“就中国人来说，几千年来，比世界上任何民族都成功地把几亿民众，从政治文化上团结起来。他们显示出这种在政治、文化上统一的本领，具有无与伦比的成功经验。”统一是团结各族百姓，取得他们支持的结果，统一又把各族人民更紧密地团结在一起。团结统一是中华民族屹立于世界的安身立命之根本。

在民族、国家交往中，中国一贯以“协和万邦”“致中和”“讲信修睦”等观念为孜孜追求的目标，各民族在自己的活动地域内安居乐业，不相侵犯，即“各安其所，我尔不侵”，不“贪其利，贪其功”，损害民族利益。在《左传·隐公六年》有“亲仁善邻，国之宝也”之言，先秦时期就主张亲近讲仁义之国，友好对待邻邦。中国历史上的怀柔、和亲、羁縻等政策无不是爱好和平的体现。

勤劳勇敢是中华民族永不褪色的精神。一代代中华儿女历经千难万险，勤奋劳作，百折不挠，谱写了中华民族的创业史，使中华大地由荒芜与不毛之地变成沃野良田，人们由茹毛饮血到钟鸣鼎食，礼乐相伴，创造出辉煌的文明，使中华民族历经磨难，一次次转危为安，巍然屹立，坚不可摧。

自强不息是中华民族从古至今贯彻如一的精神。在中华民族发展史上，有许多历经磨难，依旧自强不息、奋发进取、终有所成者。司马迁被施以腐刑，在困厄之中，他以先贤的自强不息精神激励自己，在《报任安书》中写道：“文王拘而演《周易》；仲尼厄而作《春秋》；屈原放逐，乃赋《离骚》；左丘失明，厥有《国语》；孙子膑脚，《兵法》修列；不韦迁蜀，世传《吕览》；韩非囚秦，《说难》《孤愤》；《诗》三百篇，大抵圣贤发愤之所为作也。”司马迁在自强不息精神鼓舞下，发愤著书，完成了不朽之作《史记》。司马迁与其所举事例常被人们作为自强不息的典范，带给无数身处困境的人以无穷的力量，王阳明就是受此激励者之一。王阳明坚韧不拔，自强不息，成为历史上凤毛麟角的实现立德、立功、立言三不朽的人物。王阳明总结创立“心学”的方法是：“人须在事上磨，方立得住。”无论是国家，抑或是个人的发展，都少有一帆风顺者，更多的是历经艰难曲折，只有具有自强不息的精神，才能国家兴旺，个人发达。

改革创新是中华民族的传统精神，也是时代精神。中华先民很早就认识到了这一现象，并试图探寻其规律，《周易》中就蕴涵着十分丰富的变革思想。在中华民族发展史上，有许多的变革与创新，春秋时期的管仲，战国时期的李悝、吴起、商鞅，秦朝始皇帝，汉代汉武帝、桑弘羊，北魏孝文帝，唐代刘晏、杨炎，宋代范仲淹、王安石，元代元世祖，明代张居正，清末康有为、梁启超……回顾历史，一个个改革创新者的身影在眼前闪现，他们为了国家的富强，不顾个人安危，勇于探索，在政治、经济、军事、文化等方面进行变革，破旧立新，开创前所未有的制度与局面，推动了社会的发展与文明的进步。

中华民族的创新体现在政治、经济、文化、思想、科技等各个领域之中。中华民族的史学家创造了丰富多样的史书体裁，独步于世界，使中华民族波澜壮阔的历史发展与文明创造较完整地保存下来。中国古代的很多科技创新居于世界领先地位，我们熟知我国的造纸、火药、指南针、印刷术四大发明享誉世界。英国科技史学家李约瑟对中国科技史进行了长期研究，著有《中国科学技术史》，他认为中国古代的发明和发现往往超过同时期的欧洲，特别是15世纪以前更是如此；又指出中国古代科学技术不是四大发明，也不是四十项、四百项发明，而是有四千多项发明，中国曾经对世界做出过伟大的贡献。历史证明，中华民族是一个在各方面有改革创新传统的民族，据复旦大学、上海师范大学等制作的《自然科学大事年表》统计，在明朝以前，世界上大约有300项重要创造发明和重大科学成就，其中，大约有175项属于中国。

习近平指出："创新是一个民族进步的灵魂，是一个国家兴旺发达的不竭动力，也是中华民族最深沉的民族禀赋。"今天的世界日新月异，只有改革创新、与时俱进，才能为国家的发展提供源源不断的动力。

世界上的很多古国如巴比伦、波斯、马其顿、罗马等都早已消亡，只存在于历史书籍与文物之中，而中国却持续进化、持续发展，这是因为有中华民族精神的支撑、中华民族精神的传承。中华民族精神必将在未来凝聚起更强大的力量，提升我国综合国力，实现全面的复兴，续写中华民族的盛世华章。

三、铸牢中华民族共同体意识

中华民族的今天是逐渐地形成的，生活在中华大地上的民族曾有“华夷”之别，即先进与落后的区别，他们也曾有过矛盾、冲突与战争，后来逐渐演进为“华夷一家”，形成多元一体的中华民族。自觉地团结起来开拓、开发这片土地，捍卫这片土地的安全，创造了灿烂的文化。

在中华人民共和国成立后，各民族共同属于中华民族大家庭中的成员，实现了真正的民族平等。历史证明，民族团结，则人民安居乐业，国家繁荣昌盛；民族纷争，则人民流离失所，家国难安。

现在，中华民族依旧面临着复杂的外部环境，一些国家不断地对我国进行舆论攻击，在我国周边进行挑衅，妄图制造民族分裂，压制我国的发展与生存空间。

因此，我们中华民族想要生生不息，想要捍卫祖祖辈辈留给我们的疆土，使中华文明持续发展，维护好民族利益与国家利益，就要尊重历史，在民族平等的基础上更紧密地团结在一起，凝心聚力，共同奋斗，也就是说只有铸牢中华民族共同体意识，才能实现中华民族伟大复兴的奋斗目标。

参考文献

［1］卞向阳，崔荣荣，张竞琼．从古到今的中国服饰文明［M］．上海：东华大学出版社，2018.

［2］曾遂今，冯玲，李思露．中国音乐简史［M］．上海：东方出版中心，2018.

［3］陈连开．中华民族研究初探［M］．北京：知识出版社，1994.

［4］陈兆复，邢琏．中华图像文化史·原始卷［M］．北京：中国摄影出版社，2017.

［5］程妮娜．古代东北民族朝贡制度史［M］．北京：中华书局，2016.

［6］崔明德．中国古代和亲史［M］．北京：人民出版社，2005.

[7] 樊锦诗．敦煌与隋唐城市文明［M］．上海：上海教育出版社，2010.

[8] 费孝通．美好社会与美美与共：费孝通对现时代的思考［M］．北京：生活·读书·新知三联书店，2019.

[9] 费孝通．中华民族多元一体格局［M］．北京：中央民族大学出版社，1999.

[10] 高奇．走进中国民俗殿堂［M］．济南：山东大学出版社，2014.

[11] 葛剑雄．古今之变［M］．北京：九州出版社，2018.

[12] 龚荫．中国土司制度简史［M］．成都：四川人民出版社，2014.

[13] 管士光．浅草集［M］．北京：中国书店，2007.

[14] 贵州省民族研究所．民族研究参考资料：第 19 集［M］．贵阳：贵州省民族研究所，1983.

[15] 国家民族事务委员会．中央民族工作会议精神学习辅导读本［M］．北京：民族出版社，2018.

[16] 何跞．元代文学新论：民族性、理学与真性情［M］．天津：天津人民出版社，2017.

[17] 何星亮．中华文明·中国少数民族文明［M］．福州：福建教育出版社，2010.

［18］河南博物院．河南博物院镇院之宝［M］．郑州：大象出版社，2017.

［19］侯丕勋．汗血宝马研究：西极与中土［M］．兰州：甘肃文化出版社，2016.

［20］季羡林．东西文化比较［M］．北京：新世界出版社，2017.

［21］李德成．中国少数民族宗教信仰［M］．北京：中央民族大学出版社，1999.

［22］李昊远．中国少数民族艺术史略［M］．北京：中央民族大学出版社，2018.

［23］李金梅．中国马球史研究［M］．兰州：甘肃人民出版社，2002.

［24］李良品，李思睿，余仙桥．播州杨氏土司研究［M］．武汉：华中科技大学出版社，2015.

［25］梁启超．梁启超全集［M］．北京：北京出版社，1999.

［26］刘惠萍．伏羲神话传说与信仰研究［M］．西安：陕西师范大学出版总社有限公司，2018.

［27］刘晓春．中国少数民族经济发展史［M］．太原：经济出版社，2017.

［28］刘迎胜．话说丝绸之路［M］．合肥：安徽人民出版

社，2017.

[29] 刘云峰．黄陵文典·黄帝研究卷 [M]．西安：陕西人民出版社，2008.

[30] 马大正．中国边疆经略史 [M]．郑州：中州古籍出版社，2000.

[31] 芮传明．“胡人”与文明交流纵横谈 [M]．北京：商务印书馆，2016.

[32] 芮传明．丝路古史散论 [M]．上海：复旦大学出版社，2016.

[33] 史有为．汉语外来词 [M]．北京：商务印书馆，2013.

[34] 陶玉坤．北方游牧民族历史文化研究 [M]．呼和浩特：内蒙古教育出版社，2007.

[35] 王辉．中国古代娱乐 [M]．北京：中国商业出版社，2015.

[36] 王钟翰．中国民族史 [M]．武汉：武汉大学出版社，2012.

[37] 乌丙安．中国民间信仰 [M]．上海：上海人民出版社，1996.

[38] 徐杰舜，刘冰清，罗树杰．中华民族认同论 [M]．银川：宁夏人民出版社，2014.

［39］徐杰舜，罗树杰，许立坤．中国民族政策简史［M］．银川：宁夏人民出版社，2011.

［40］徐杰舜．中华民族史记［M］．福州：福建教育出版社，2014.

［41］徐万邦，祁庆富．中国少数民族文化通论［M］．北京：中央民族大学出版社，1996.

［42］杨建新．中国少数民族通论［M］．北京：民族出版社，2009.

［43］于海广．中国的世界非物质文化遗产［M］．济南：山东画报出版社，2011.

［44］张克复，张国藩．人文甘肃·千年回眸·历史卷［M］．兰州：敦煌文艺出版社，2010.

［45］赵荣光．中国饮食文化史［M］．北京：中国轻工业出版社，2013.

［46］赵子夫．中国设计教育实践：外国古典家具文化艺术［M］．沈阳：辽宁美术出版社，2015.

［47］谢静．敦煌石窟中的少数民族服饰研究［M］．兰州：甘肃教育出版社，2016.

［48］中国国家博物馆．中国国家博物馆馆藏文物研究丛书·玉器卷［M］．上海：上海古籍出版社，2007.

［49］中国少数民族事务委员会文宣司．中国少数民族文

化简论[M].北京：民族出版社，2006.

[50]中华文化通志编委会编；葛承雍.中华文化通志·秦陇文化志[M].上海：上海人民出版社，1998.

[51]周亮.花儿研究：河湟花儿多民族文化共融性研究[M].北京：民族出版社，2016.

[52]周龙勤，田卫疆.丝绸之路西域古今[M].乌鲁木齐：新疆美术摄影出版社，2015.

[53]朱敏.中国国家博物馆馆藏文物研究丛书·绘画卷·历史画[M].上海：上海古籍出版社，2006.

[54][美]罗覃.《画中人：佛利尔的59幅中国人物画》[M].洪凯伦，陆梦娇译.上海：上海书画出版社，2017.

[55][英]阿诺德·汤因比.人类与大地母亲：一部叙事体世界历史[M].徐波等译.上海：上海人民出版社，2012.

[56]何星亮.大一统：理念与中国少数民族[J].云南社会科学，2011(5).

[57]李大龙.汉武帝“大一统”思想的形成及实践[J].北方民族大学学报：哲学社会科学版，2013(1).

[58]李大龙.自然凝聚：多民族中国形成轨迹的理论解读[J].西北师大学报：社会科学版，2017(3).

[59]廖杨.中国少数民族的形成类型及发展趋势[J].

广西民族研究，1999（1）.

[60] 刘波．椎髻赭面——从安阳唐墓看中晚唐时期女子服饰中的胡风 [J]．艺术与民俗，2020（1）.

[61] 刘海鹰，奚彦辉．试论“中华民族”的概念生成及其思想启示 [J]．中国社会科学院研究生院学报，2016（4）.

[62] 莫炳坤，李资源．中国少数民族与大一统思想认同 [J]．湖北社会科学，2017（5）.

[63] 涂可国．论中华民族精神的基本结构与主要特征 [J]．山东社会科学，2006（3）.

[64] 杨淑艳．论康熙帝对汉族士大夫的怀柔政策 [J]．黑龙江社会科学，1998（6）.

后 记

泰山出版社策划出版“小天下”丛书，旨在开阔青少年的视野，培养青少年的责任担当意识与能力，这是一项极为有意义的工作。

感谢刘德增校长的推荐与支持，使我有机会成为这套丛书撰写者之一。

泰山出版社非常重视这套丛书，组织了多次研讨会，感谢泰山出版社各位工作人员的辛勤付出！在写作过程中，得到了葛剑雄先生、谭好哲先生、胡威先生的指导与鼓励。王艳艳、武良成编辑不辞辛苦，多次进行沟通，提出诸多建设性修改建议，特此感谢！

这套丛书的读者是青少年，写作要求是置于世界文明的大视野之下，既要理清中华民族关系发展的脉络，又要通俗易懂，具有故事性、趣味性，因此写作有很大的难度。本书以我国的民族政策为依据，以习近平总书记关于民族工作的重要论述为指导，力图把中华民族交融交流的每个方面先从整体上理清楚脉络，讲清楚概念，再找出能够突显主体的有关故事进行讲述。

尽管已做出了诸多努力，但因学力与写作风格等原因所限，没有完全达到要求，肯定也有词不达意与疏舛之处，敬请批评指正。

本书编写参考了许多相关研究成果，未能在书中一一注明，在此一并表示衷心的感谢！

王春花

2021 年 3 月